AF453483

Ce que la Tunisie
demande à la France

André DURAN-ANGLIVIEL

AVOCAT AU BARREAU DE TUNIS
MEMBRE DE LA CONFÉRENCE CONSULTATIVE DE TUNISIE

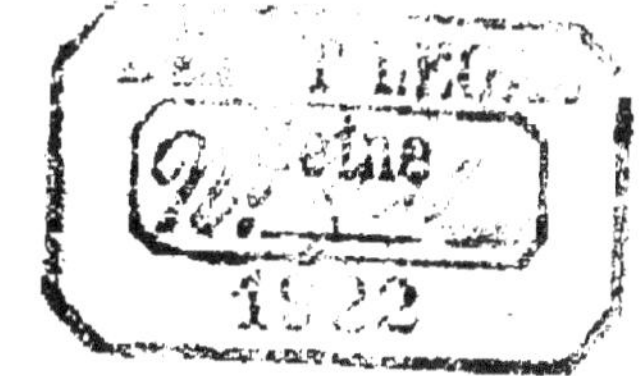

Ce que la Tunisie demande à la France

Préfaces de Marius MOUTET
Député du Rhône
et d'Ahmed ESSAFI
Avocat au barreau de Tunis
Secrétaire général du Parti Libéral Constitutionnel

JOUVE & Cie, EDITEURS
15, RUE RACINE, 15 — PARIS-VIe
1921

PRÉFACE

DE M. MARIUS MOUTET

L'œuvre de la France en Tunisie n'est pas négligeable. La France a apporté à l'indigène la paix et la sécurité, une meilleure justice, plus d'instruction, plus d'hygiène; elle a relevé le niveau économique du pays.

Cependant les Tunisiens ne paraissent pas heureux, nous voyons se constituer des foyers d'opposition, et surtout dans les classes instruites. Ces opposants ont les sympathies de la population indigène. Une question nationale est née. Les Tunisiens veulent une constitution tunisienne.

C'est que le régime français a été un régime de domination, non de vrai protectorat: il n'a pas donné de libertés politiques ; il n'a pas suffisamment associé les indigènes au gouvernement, et il semble beaucoup plus avoir cherché à mettre la Tunisie en valeur au profit de quelques centaines de propriétaires français et de Sociétés de capitalistes étrangers qu'à élever la condition de l'indigène pour en faire un homme libre. Il n'a pas suffisamment affranchi le fellah des servitudes économiques élémentaires ; il n'a pas fait de l'élite du peuple tunisien une élite de citoyens.

M. Duran-Angliviel s'est donné la peine de dresser le programme sommaire des réformes politiques nécessaires et il semble avoir obtenu l'adhésion de tous les Tunisiens. Il a pleinement rempli son devoir de bon français en concourant à une œuvre d'émancipation. Son programme, il faut le réaliser.

On conçoit que les Tunisiens n'aient plus guère con-fiance qu'en eux-mêmes pour améliorer leur sort, mais il est douloureux de penser qu'ils acceptent le protectorat français comme le moindre mal et non comme le plus grand bien.

La France ne doit pas manquer à sa mission civilisa-trice : que la Tunisie ne soit pas la terre de choix pour favoriser la carrière de fonctionnaires ou enrichir quelques colons ; que la France y ouvre des écoles pour tous, qu'elle répartisse au profit de tous les impôts que paient les indigènes, qu'elle fasse, en temps utile, ce qu'il faut pour libérer les cerveaux et faire évoluer les hommes et les institutions.

Alors elle s'attachera la Tunisie comme un « domi-nion » fidèle et dévoué et elle n'aura pas à redouter une Irlande haineuse et fanatique.

Remercions M. Duran-Angliviel de son œuvre : c'est une œuvre dans la vraie tradition de la France républi-caine.

Marius MOUTET,
Député

PRÉFACE

DE M. AHMED ESSAFI

Ce que la Tunisie demande à la France est tout simplement l'accomplissement d'une promesse, l'exécution d'un engagement solennellement pris en 1881.

Lorsqu'elle est venue chez nous, la France ne s'est pas trouvée dans un pays sauvage, dépourvu de toute organisation et peuplée par une masse amorphe plus voisine de la bête que de l'homme.

La Tunisie était au contraire un pays qui s'était, de tout temps, distingué par un état de civilisation assez avancée, des mœurs plus policées, une organisation politique et administrative qui faisait défaut dans les autres pays de l'Afrique du Nord.

La tâche était donc relativement facile puisqu'il y avait une structure administrative assez solide et qu'au lieu de créer de toutes pièces une organisation nouvelle, il suffisait d'améliorer et d'adapter celle déjà existante.

Grâce à la douceur du caractère du Tunisien et à sa compréhension des nécessités du moment, la France n'a pas rencontré de difficulté dans ce travail de réorganisation qui s'est accompli dans un temps relativement court.

Mais là où l'œuvre entreprise est le plus digne d'admiration par les résultats considérables qu'elle a donnés, c'est dans le domaine économique : on peut dire que la transformation subie par notre pays est vraiment grandiose.

Des routes nombreuses et bien entretenues parcourent la Tunisie dans tous les sens, des chemins de fer de pénétration partant des principaux ports vont rejoindre la frontière algérienne et mettent celle-ci à quelques heures de la mer, en rapprochant les distances d'une façon merveilleuse; des ports creusés en eau profonde qui permettent aux bateaux de toutes dimensions d'accoster la terre et de charger ou de décharger les marchandises de toutes sortes et de toutes provenances avec la plus grande facilité ; des lignes télégraphiques et téléphoniques qui transmettent la pensée avec la rapidité de l'éclair ; un service des postes bien organisé permettant l'envoi des colis et des correspondances et leur arrivée à destination avec méthode et sûreté ; et, résultat de tout cela, un commerce et un mouvement d'échange qui prennent chaque jour plus d'extension et ont décuplé, en une période relativement courte, le chiffre des exportations et des importations.

Voilà ce que la France a fait en Tunisie et que nous ne saurions méconnaître sans injustice ni ingratitude.

Mais tout cela a-t-il été fait pour les Tunisiens et ceux-ci en profitent-ils dans la mesure à laquelle ils peuvent légitimement prétendre?

C'est là une question vitale pour nous et dont la réponse ne saurait faire de doute pour quiconque connaît tant soit peu notre pays, ses rouages politiques et administratifs et les méthodes adoptées vis-à-vis de tout ce qui est autochtone.

Quarante ans se sont écoulés depuis l'établissement de la France en Tunisie. Quarante ans au cours desquels presque deux générations ont vu le jour et grandi. Quarante ans pendant lesquels le service de l'enseignement public a dépensé sans compter les millions sortis presque totalement de la poche des Tunisiens et n'a cessé de procéder à la construction et à l'ouverture d'écoles un peu partout.

Quel est le résultat de tant d'efforts et d'argent dépen-

sés ? Un grand lycée à Tunis, comptant à peine une cen-
taine de musulmans sur une population scolaire de
1.500 élèves, et plusieurs dizaines de milliers d'enfants
tunisiens parcourant, en vagabonds, les rues des princi-
pales villes, exposés à tous les dangers et destinés à four-
nir de contingents nombreux l'armée des dévoyés et des
malfaiteurs.

Pendant ce temps les bourses scolaires sont distribuées
largement et généreusement à d'autres enfants qui ne
sont pas les nôtres, des écoles sont créées dans les
moindres centres de colonisation, en même temps que
ceux-ci sont établis, et comptent parfois à peine une demi-
douzaine d'élèves.

Dans les autres administrations, les inégalités sont
tout aussi choquantes : le fonctionnaire tunisien, qui
fournit le même effort et rend le même service que son
collègue français, est payé 50 et 60 o/o moins que ce
dernier. On peut citer à ce sujet et pour illustrer cette
méthode un cas vraiment frappant : le magistrat tuni-
sien qui occupe dans la société une place et remplit un
rôle dont l'importance n'est pas à démontrer, touche un
traitement inférieur à celui d'un gardien de prison, même
simple agent de police français.

Dans le commerce et l'industrie la part prise par les
Tunisiens est presque nulle. Non instruits, mal préparés
pour la véritable bataille qu'est actuellement la lutte
pour la vie, ne jouissant d'aucun crédit ni d'aucune faci-
lité auprès des banques et établissements financiers
locaux, ils sont confinés au fond de leur échoppe, dans
les souks ancestraux où ils végètent misérablement.

Dans les campagnes la situation n'est pas plus bril-
lante : la vente des terres appartenant au domaine de
l'Etat, l'achat par la Direction de l'Agriculture avec les
fonds prélevés sur le budget ou les emprunts et la mise
à la disposition des colons, des spéculateurs et des accapa-
reurs de tout acabit, des meilleures terres de la Régence,
ont refoulé vers le Sud une bonne partie de la population

rurale tunisienne et réduit l'autre partie tellement à l'étroit qu'il arrive souvent que des agriculteurs ne trouvent plus de terres à louer et sont réduits avec leur famille à la misère.

Voilà, au milieu de la propriété générale, à quoi se trouve actuellement réduit le Tunisien dans son propre pays.

Ajoutez à cela les procédés humiliants d'une administration tracassière et tyrannique, les passe-droit, les dédains, et vous comprendrez que des esprits éclairés parmi la population tunisienne aient depuis longtemps cherché à étudier le mal et à trouver le remède nécessaire.

Mais à toutes les tentatives faites, l'Administration a toujours répondu par des coups de force : suspension de journaux, emprisonnement, exil, etc., annihilant en un instant les longs et patients efforts et les résultats heureux que ne pouvait manquer de produire un mouvement de régénération nationale.

Cette situation ne pouvait cependant durer plus longtemps sans constituer un véritable danger pour notre avenir.

C'est pourquoi, aussitôt après les hostilités au cours desquelles les Tunisiens avaient donné à la France la meilleure preuve de reconnaissance et d'affection en répandant généreusement leur sang sur les divers champs de bataille où plus de quarante mille des leurs dorment leur dernier sommeil, avons-nous résolu de demander au Gouvernement de la République de tenir ses engagements et de nous accorder les garanties de sécurité et d'égalité, dans tous les domaines, sans lesquels la vie est devenue pour nous impossible.

Ces garanties ne pouvaient consister qu'en la collaboration effective et constante du peuple tunisien avec le Gouvernement dans la direction des affaires intérieures du pays.

Nous nous sommes donc réunis, et après avoir discuté

longuement, nous avons élaboré un programme de réformes que nous avons concrétisé en les neuf propositions indiquées dans cet ouvrage.

Ce programme a aussitôt reçu la sanction de la totalité de la population tunisienne par une pétition revêtue de plusieurs milliers de signatures et portée solennellement à S. A. le Bey par une députation composée des plus hautes notabilités tunisiennes. Le Souverain a réservé le meilleur accueil à ces députés et leur a exprimé, en des termes touchants, son adhésion complète et entière et sa confiance en la France pour la réalisation des vœux de son peuple.

En même temps, une autre délégation partait pour Paris où elle remettait officiellement une pétition identique à M. le Président de la Chambre des Députés et au Ministère des Affaires Étrangères.

Cette délégation fut reçue avec la plus grande cordialité par diverses commissions de la Chambre, des groupements et hommes politiques.

En de nombreux entretiens et causeries et par l'intermédiaire de la presse, elle expliqua sa mission et éclaira l'opinion publique française sur la véritable situation des Tunisiens.

Une seconde délégation partit quelques mois après et renouvela les démarches précédemment faites auprès du Gouvernement de la République et des autorités constituées, en leur donnant sur nos revendications les éclaircissements et les précisions indispensables, ne laissant aucune place au doute ni à l'équivoque.

Elle envoya notamment à tous les membres du Parlement une lettre contenant la liste de ces revendications accompagnée d'un commentaire lumineux et saisissant expliquant et motivant chacune de ces dernières.

Je ne puis m'empêcher de reproduire ici le passage qui traduit exactement nos aspirations et qui est relatif au premier de nos vœux qui constitue en somme la base et le fondement du régime politique et administratif que nous réclamons.

Après avoir exposé la façon dont les lois sont actuellement confectionnées dans les bureaux des diverses administrations tunisiennes par des fonctionnaires souvent obscurs et toujours irresponsables, et l'incohérence qui préside à cette législation en citant des exemples à l'appui, le commentaire s'exprime ainsi :

« Le seul remède à cette situation ne peut être que la
« séparation du pouvoir administratif et du pouvoir
« législatif : la transformation de la Conférence Con-
« sultative actuelle, divisée en section tunisienne et sec-
« tion française, séparées par des cloisons étanches
« sans pouvoirs ni autorité, en une chambre unique
« législative où siègeront, dans une collaboration fra-
« ternelle et commune de tous les instants et en nombre
« égal, les élus de la population tunisienne et fran-
« çaise ».

Il est à peine besoin de dire que nos deux délégations ont été partout reçues à Paris avec la plus grande courtoisie et les marques d'intérêt les plus évidentes. Des promesses formelles nous ont été faites par le Gouvernement que nos revendications seraient examinées avec la plus grande bienveillance et le sincère désir de nous donner satisfaction. Des amitiés solides et puissantes nous sont également acquises dans les divers milieux du monde politique, et nous sommes persuadés qu'elles ne nous feront pas défaut et nous aideront dans l'accomplissement de cette rénovation que nous poursuivons dans l'intérêt de la Tunisie aussi bien que de la France.

En Tunisie, par contre, les premières manifestations de nos efforts ont soulevé la fureur des membres de cette minorité remuante qui se sont, jusqu'à ce jour, partagé l'autorité et tous les profits qui en découlent. Tous les appétits et les égoïsmes coalisés se sont déchaînés contre nous et ont organisé une véritable campagne de mensonges et de calomnies pour nous discréditer aux yeux du Gouvernement de la République aussi bien que de l'opinion publique française qu'ils ont déjà trompés et égarés maintes fois sur notre compte en nous présentant comme les ennemis de la France nourrissant, je ne sais quels noirs desseins et organisant d'imaginaires complots.

Mais cette corde, à force d'avoir servi, a fini par être usée et je doute que nos adversaires puissent cette fois-ci réussir dans leur œuvre intéressée de division et de haine.

Nous avons pour étayer cette opinion deux raisons aussi solides l'une que l'autre :

La première est que le mouvement qui soulève aujourd'hui la population tunisienne et lui fait réclamer sa légitime part dans l'administration de son pays est si général et si profond que ni intimidations, ni menaces, ni manœuvres, aussi savantes qu'elles puissent être, ne parviendront à en arrêter l'élan.

La seconde est que tous les Français habitant la Tunisie ne nous sont pas systématiquement hostiles, et beaucoup d'entre eux, qui souffrent dans leur impartialité, dont les intérêts matériels n'arrivent pas à tuer chez eux le sentiment de la justice, regardent notre effort avec sympathie et parfois même ne nous ménagent pas leurs encouragements.

Parmi ces Français, et en premier rang, se trouve mon confrère et ami Duran-Angliviel qui a étudié la question tunisienne avec une impartialité, un désintéressement et surtout une clairvoyance à laquelle je ne saurais trop rendre hommage.

Dans une langue dont l'élégance de forme ne le cède en rien à la hauteur de la pensée et à la noblesse de sentiments, il a exprimé son opinion sur ce problème pour nous angoissant : vivre honorablement et librement dans notre propre pays. Se soustrayant aux contingences locales et n'envisageant que l'intérêt supérieur de la France et sa renommée dans le monde, il a su penser en véritable Français qui, ne se laissant pas aveugler par l'égoïsme et se mettant au-dessus de toute question d'intérêt personnel, ne perd jamais de vue ce qui a toujours fait et qui fera toujours la force invincible des peuples comme des individus : le Droit et la Justice.

Contrairement aux adversaires de mauvaise foi ou intéressés qui nous taxent d'extrémisme et nous prêtent des arrière-pensées ridicules d'expulsion des Français du sol tunisien, Duran-Angliviel reconnaît loyalement la modération de notre programme qui prévoit pour la future assemblée un nombre égal de membres tunisiens et français pour une population totale de deux millions des premiers et de quarante-cinq mille des seconds, alors qu'en toute justice le nombre des représentants devrait être proportionnel à celui de chaque élément représenté.

Si nous différons avec l'auteur sur le caractère et les attributions de la future assemblée pour laquelle nous demandons un pouvoir législatif pour tout ce qui concerne les affaires intérieures du pays et sur la responsabilité du Gouvernement corrigée par l'exclusion de cette responsabilité du Résident général, Ministre des Affaires Etrangères, de S. A. le Bey, du Général commandant la D. O. T., Ministre de la Guerre, et de l'Amiral commandant la Marine, nous sommes par contre complètement d'accord avec lui sur toutes les autres questions et le plan élaboré pour leur réalisation.

Nous ne pouvons dans ces conditions que formuler le vœu de voir ceux qui ont la responsabilité et le lourd fardeau de représenter la France en Tunisie prendre en sérieuse considération cet accord qui ne fera que rendre plus impérieux leur devoir d'apporter enfin les réformes réelles depuis longtemps attendues.

Nous continuerons, quant à nous, à poursuivre et à développer nos efforts, aidés par nos grands amis de France et de Tunisie, jusqu'au jour où, triomphant de toutes les résistances cupides et intéressées, nous parviendrons à

faire établir en Tunisie un régime de Justice et de Légalité, garantissant à tous ses habitants la jouissance de
leur liberté.

Voilà ce que la Tunisie demande à la France.

AHMED ESSAFI
Avocat au Barreau de Tunis
Secrétaire Général
du Parti Libéral Constitutionnel

PRÉFACE DE L'AUTEUR

Les Tunisiens demandent une constitution.

Les Français de Tunisie réclament l'intégra-
lité de leurs droits civiques et une représentation démocratique.

Le Gouvernement du Protectorat se préoc-
cupe de la mesure dans laquelle il pourra satisfaire à ces revendications. Le Résident général,
M. Lucien Saint, a déclaré qu'il étudiait la question et qu'il prendrait une décision après avoir
assisté aux travaux de la Conférence consultative,
au cours de la session de novembre 1921.

L'heure est donc opportune de donner à nos
vœux une forme concrète, pratique.

Le moment est venu de sortir des formules
vagues et imprécises : constitution, garanties
constitutionnelles, droit d'initiative, responsabilité gouvernementale, compétence budgétaire étendue, sont autant de mots auxquels il
convient de donner un sens précis.

L'objet du présent travail est de fournir à la population de la Régence et au Gouvernement du Protectorat une base de discussion.

Il se peut que tout soit à rejeter de cette étude. Il se peut que certaines des suggestions qu'elle comporte soient retenues.

L'essentiel, c'est que le problème soit soumis à la grande lumière de la discussion publique. L'essentiel, c'est que nous nous décidions à faire quelque chose.

L'heure est d'agir. Pour agir, voyons clair.

Si cet essai apporte un peu de clarté au débat confus encore, qui vient de s'ouvrir sur les « revendications tunisiennes » il n'aura pas été sans utilité ; et c'est tout le succès que lui souhaite son auteur.

A.D.A.

Ce que la Tunisie demande à la France

CHAPITRE PREMIER

L'OPINION TUNISIENNE EN 1921

Le phénomène le plus considérable par quoi la période d'après-guerre ait été marquée en Tunisie est assurément la création et le développement d'une opinion publique indigène qui a fini par se cristalliser en une formule politique simple d'apparence, en réalité assez complexe : la constitution.

La constitution !

Le mot est dans la presse arabe ; il revient quotidiennement sous la plume des journalistes tunisiens.

La chose est dans les esprits. Elle est le fond de toutes les préoccupations indigènes. Elle sert de base aux discussions souvent très âpres qui se déroulent dans les différents cercles de la Régence. Elle est le pôle vers lequel convergent tous les plans de réforme, tous les programmes de revendications. Elle est le flambeau qui allume les espoirs, éclaire l'avenir. Et la chose et le mot, sans que l'on se soit encore bien entendu sur leur valeur propre et les réalités futures qu'ils renferment, sont dans tous les cas, à l'heure actuelle, les ferments certains d'une agitation à la fois intellectuelle, et morale dans l'esprit de tous les Tunisiens.

Ce bouillonnement s'est manifesté de la manière la plus évidente, et la plus loyale, par l'envoi à Paris, de délégations successives chargées d'intéresser la Presse, le Parlement, le Gouvernement français à la refonte de l'administration du Protectorat.

Tel est le fait.

En présence de ces manifestations nombre de nos compatriotes se sont effrayés. Ils ont réagi en attaquant avec violence le parti jeune tunisien, en dénonçant le caractère gallophobe du mouvement constitutionnaliste, et ont provoqué le Gouvernement du Protectorat à prendre des mesures répressives contre les tendances affirmées par ce mouvement et contre leurs auteurs (1).

La plupart des Français de la Régence se désintéressent du problème, estimant sans doute que le Protectorat durera bien aussi longtemps qu'eux.

Et il est remarquable, sans que cela puisse nous étonner, que la question tunisienne soit à certains égards beaucoup plus étudiée et plus sérieusement traitée dans les environs des grands boulevards parisiens que dans les cénacles philosophiques ou

---

1. Il suffit de se reporter aux collections de la *Tunisie française*, journal quotidien de Tunis et du *Colon français*, journal hebdomadaire du parti agrarien, pour constater l'appel fréquent à la répression formulé contre ce que ces deux organes dénoncent comme : « le péril Jeune-Tunisien ».

littéraires et surtout dans les salles de café de notre colonie française.

C'est à la fois pour lutter contre cette coupable indifférence des uns, et contre la dangereuse interprétation des autres qu'il me semble utile, sans parti pris, n'ayant pas de situation acquise à défendre, mais ne voulant négliger aucun problème humain, surtout quand ce problème nous tient de près, de démêler pour le grand public ce que paraît avoir de complexe, de contradictoire, d'inquiétant la solution du problème tunisien.

Et si les Français de la Régence estiment qu'une question de droit, de justice n'est pas de nature à les passsionner, s'ils prétendent continuer à ignorer l'âme tunisienne, ses besoins, ses aspirations pour s'isoler splendidement dans leur situation prépondérante de coloniaux conquérants et se contenter de réclamer pour eux-mêmes de nouveaux droits et de plus amples libertés, qu'ils nous permettent de leur dire qu'ils se livrent là au calcul le plus maladroit.

Ils peuvent bourrer d'ouate leur conscience pour ne pas entendre le cri d'appel des indigènes ; ils peuvent faire table rase de tous les principes sociaux qu'ils ont appris de leurs maîtres, les fondateurs de la République ; ils peuvent vouloir rester égoïstement entre eux, entre Français.

Au nom même de leur égoïsme ils se doivent de prêter un esprit attentif à l'agitation qui se produit autour d'eux. Non pas qu'elle les menace directement, immédiatement dans leurs privilèges et leur prépondérance égoïste. Mais parce qu'il n'y a pas pour eux d'autres moyens d'améliorer leur propre sort.

La France, et ceux qui, en France, dirigent l'opinion, restent fidèles, du moins officiellement, aux vieux principes de notre démocratie. Ils n'ont pas ressuscité, comme tant de coloniaux le font, la stupide distinction des races supérieures et des races inférieures.

Aux yeux des Français de France, ce ne sont pas les coloniaux qui sont intéressants, ce sont les indigènes. Et lorsqu'il s'agit de pratiquer des réformes, les Français de France se préoccupent de faire ces réformes en faveur des indigènes. Ne risquent-ils pas alors de les réaliser contre les coloniaux ?

Ce sera contre nous si ce n'est avec nous.

La plus simple prudence exige donc de notre part un effort pour sortir de notre tour d'ivoire et pour nous entendre avec les indigènes sur les revendications à présenter à Paris, sur la modalité des réformes que réclame notre intérêt commun.

Au seuil de cette étude il faut insister sur ce point, enfoncer cette vérité comme un coin dans la tête de nos compatriotes de Tunisie : les intérêts des Français de la Régence et ceux des Tunisiens sont solidaires. Ce que nous réclamons pour nous, réclamons-le en même temps pour eux. En dehors de cette union de vues il n'y a ni pour eux ni pour nous, encore moins pour nous que pour eux, aucune chance de succès.

Certains regretteront de me voir recourir à un langage pareillement utilitaire qui risque de jeter un certain discrédit sur une politique que seuls devraient commander le soin de l'amitié et le souci de la justice.

Ne nous attardons pas à ces regrets. Prenons le monde comme il est. L'essentiel aujourd'hui est d'agir.

CHAPITRE II

LES ORIGINES DU MOUVEMENT TUNISIEN

Les indigènes demandent une Constitution.

Leurs revendications, présentées sous cette forme, sont nouvelles.

Elles sont l'aboutissement d'une évolution des idées dont il est peut-être difficile de fixer exactement les origines, mais dont certains faits saillants nous permettent cependant de marquer les principales étapes.

1. — Le développement de l'instruction

Il semble que la période qui s'étend sur toute la fin du XIXe siècle, de 1881 à 1900, soit surtout une période de formation, d'éveil.

Le Protectorat paraît alors avoir vécu sans histoire. Réclamée, subie ou simplement acceptée, l'autorité de la France s'exerce sans conteste, sans contrôle, sans contre-poids et aussi sans récrimination.

C'est le régime absolutiste qui suit de près la conquête et s'impose aux habitants, indigènes ou colons, sans paraître soulever de la part des uns ou des autres la moindre objection.

Mais c'est en même temps la période pendant laquelle toute une jeunesse ardente va se préparer aux réclamations futures par le développement de l'instruction et le contact permanent avec des Occidentaux.

L'élite de la jeunesse tunisienne passe la mer, s'inscrit à nos facultés, fréquente nos écoles, reçoit, absorbe, comme gloutonnement, l'enseignement de nos maîtres, enrichit sa conscience et son intelligence de toutes les pensées qui tombent à flot de nos chaires publiques, s'imprègne de notre philosophie, apprend l'histoire de nos institutions, forme sa mentalité à l'image de la nôtre ; élite à qui, d'un seul coup, comme par le déchirement d'un voile intérieur, apparaît toute l'étrangeté de son statut politique et les inconséquences de sa raison sociale.

Et dans le même temps que cette éducation nouvelle révélait à ses bénéficiaires la puissance et la beauté de nos institutions métropolitaines fondées sur le respect de l'individu et l'obéissance à une loi également nécessaire et obligatoire pour tous, elle leur découvrait l'épouvantement d'un régime hybride, monstrueux, qui constituait une contre-partie violente de ces idées primordiales, régime où le pouvoir, centralisé à outrance entre les mains d'un fonctionnaire, disposait arbitrairement de la liberté des hommes et de la propriété des biens.

L'éveil tunisien est né de cette comparaison rendue possible, fatale par le développement de l'instruction.

Est-il nécessaire d'ajouter que cette instruction fut

pour nos jeunes étudiants tunisiens le fruit non seulement de leur assiduité aux cours et conférences de nos facultés, mais encore de leur fréquentation des cercles littéraires ou politiques, de la capitale, de leur introduction dans les familles françaises et même aussi, de leur participation aux jeux, plaisirs et distractions de nos ardentes universités?

Quelques-uns dégoûtés à la pensée de retomber à l'état de sujet beylical, se fixèrent définitivement dans la métropole ou à l'étranger.

Le plus grand nombre revint s'installer dans le pays originel, où le spectacle des fermentations qui commençaient à sourdre dans la colonie française achevèrent de les convaincre que la vérité d'en deçà la Méditerranée était encore erreur au delà.

Ils n'eurent plus alors qu'un désir : faire partager à leurs compatriotes les bénéfices de leur nouvelle éducation. Ils créèrent divers foyers de propagande, notamment la Khaldounia, où par le moyen de cours, de conférences, de causeries, ils apportèrent aux Tunisiens moins favorisés l'écho des grandes leçons reçues aux bords de la Seine.

L'écho se répercuta à travers les couches sociales de la Régence et s'il est allé s'atténuant jusqu'à devenir insaisissable chez l'humble travailleur des champs, il retentit encore et toujours davantage dans les cercles urbains, parmi ceux que leurs qualités peuvent à bon droit faire considérer comme des dirigeants.

Et ne suffit-il pas de l'éveil d'une élite pour que la

masse sente bientôt le besoin elle aussi, et presqu'inconsciemment, de s'agiter ?

Dans tous les pays du monde la politique n'est-elle pas dirigée par une minorité qui s'impose et qui en impose ? Il serait imprudent de croire que la Tunisie put faire exception à la règle. La masse est ignorante. C'est entendu. Mais ce n'est pas sur le gouvernement du Protectorat qu'elle a les yeux fixés, c'est sur la jeunesse tunisienne qui parle pour elle et en qui elle a, obscurément, mais pleinement confiance.

II. — LES ASPIRATIONS DE LA COLONIE FRANÇAISE

La participation de la colonie française à l'œuvre du gouvernement du Protectorat fut tout d'abord et uniquement une collaboration d'ordre économique.

Pour favoriser le développement de la colonisation française et s'entourer de conseils techniques qui fussent à même de le fournir de renseignements et lui permissent de prendre des décisions en connaissance de cause, le gouvernement créa dès 1885 une Chambre de commerce, puis une Chambre d'agriculture, puis des Chambres mixtes du Centre et du Sud (Agriculture et Commerce).

Ces corps, consulaires ou agricoles, exclusivement français, avaient pour mission de tenir le gouvernement au courant des besoins de la colonie française et de proposer les voies et moyens destinés à réaliser ses vœux.

En 1892 nous assistons à la création d'un Conseil

de gouvernement, composé de délégués des diverses Chambres de commerce et d'agriculture et des vice-présidents français des municipalités.

A mesure que la colonie française se faisait plus nombreuse, devenait plus ancienne, elle tendait à récupérer les droits civiques dont son immigration en Tunisie l'avait privée.

Agissant sur le gouvernement local, mieux encore sur le gouvernement français, la colonie obtenait en 1896, l'élargissement du Conseil colonial et la transformation de celui-ci en Conférence consultative.

Cette nouvelle assemblée se composait de trois collèges, agricole, industriel et commercial, et le troisième collège qui comprenait tous les Français n'appartenant pas aux deux premières catégories.

En principe, la compétence de cette conférence consistait dans sa consultation obligatoire en matière financière chaque fois qu'une mesure projetée pouvait avoir une répercussion sur les charges qui pesaient sur la colonie française.

Lorsqu'en 1907, le Résident général Pichon, et en 1910 le Résident général Alapetite apporteront des modifications de forme à la composition ou au recrutement de cette conférence, ils se garderont d'en modifier les attributions.

Si l'on a pu dire que ces attributions ouvraient en réalité à la colonie française un droit de critique sur toute l'activité gouvernementale en Tunisie, nous savons bien qu'en fait cette critique formulée à huis-clos et dépourvue de toute sanction, n'a jamais empêché cette activité gouvernementale de s'exercer selon le plus pur arbitraire.

Quelqu'inférieur que fût ce mode de représentation, il n'en constituait pas moins un essai, un effort vers la participation de la collectivité à l'œuvre gouvernementale.

Si caricatural qu'il parût aux esprits français, il marquait déjà une conquête dans la voie de la représentation populaire et donnait au citoyen français l'illusion de collaborer à la direction des affaires publiques.

A côté des Français que le gouvernement amusait au petit jeu d'un parlement pour rire, les indigènes courbés sous la loi du Prince, continuaient à vivre sans garantie, sans même avoir le droit de se plaindre, obligés de subir tous les passe-droits, toutes les avanies, sans murmurer ni récriminer, autrement que par la voie toujours délicate et souvent périlleuse de la pétition au Bey, au Résident général, ou au secrétaire général du gouvernement tunisien.

Des sanctions sévères étaient d'ailleurs prévues pour les plaintes reconnues infondées et que souvent étaient chargés d'instruire les fonctionnaires corrompus ou prévaricateurs contre lesquelles elles étaient précisément formulées (1).

1. Un exemple : En 1911 la Résidence générale reçoit des plaintes d'agriculteurs indigènes contre un contrôleur civil à qui ils reprochent de leur avoir par la violence, par des coups et par la prison, arraché leur consentement à la vente de leurs terres. L'accusation était nette. La Résidence générale envoya la plainte au contrôleur civil incriminé pour procéder à une enquête. On se doute du résultat.

L'indigène payait l'impôt et devait laisser à la Conférence française et au gouvernement le soin d'en disposer.

Quelques parlementaires français saisis secrètement des indignations légitimes qui fermentaient dans le cœur des indigènes, obtinrent de M. Pichon le décret du 2 février 1907 qui appela au sein de la Conférence consultative seize membres indigènes choisis par le gouvernement.

La Résidence générale paraissait ainsi donner satisfaction aux Tunisiens.

En réalité elle ne faisait qu'aggraver leur état, puisque les seize délégués ainsi nommés devenaient les instruments aveugles de ses volontés et servaient à couvrir ses caprices du voile trompeur de la collaboration indigène.

Ces délégués étaient d'ailleurs immédiatement flétris par leurs compatriotes de l'épithète importée d'Algérie : ils étaient les Beni Oui-Oui.

La représentation de la colonie française se chargea bientôt elle-même de supprimer toute velléité d'indépendance de la délégation indigène. En 1910, par la violence de son attitude et le caractère agressif de ses interventions au sein de la Conférence consultative, elle mettait le Résident général Alapetite dans l'obligation du scinder la conférence en

Les Arabes dépossédés de leurs biens ancestraux se sont adressés à la justice. Mais ce n'était plus qu'une affaire civile. Les contrats étaient signés. Aujourd'hui les propriétaires sont sous le coup d'une expulsion en bonne et due forme. Il n'est pas dit que l'opération se passe sans grabuge, deux sections et de faire délibérer la section indigène dans une salle réservée, où en tête-à-tête avec les représentants de l'administration, dans le plus strict huis-clos, elle n'eut plus qu'à subir les injonctions du gouvernement, sans avoir l'espoir de pouvoir appuyer la moindre tentative d'initiative personnelle sur la sympathie de quelques délégués français et sur la présence aux débats de témoins français.

Entre les indigènes qui réclamaient plus de droits, et la colonie française qui dénonçaient cette réclamation comme un véritable péril, la situation du gouvernement n'était pas commode.

Comprenant l'abîme qui séparait le colon français du Français de France, humiliés de voir les Français réclamer pour eux-mêmes une toujours plus large indépendance sans se soucier de l'opinion indigène, stupéfaits de ne plus reconnaître la France dans ses émigrés de la Régence, l'esprit hanté des enseignements reçus dans la Métropole et si totalement ignorés des coloniaux, les indigènes se retournent vers leurs maîtres et ils crient leur désillusion, leur amertume à ceux dont ils ont reçu des leçon de civisme et de philosophie sociale.

Paris les entend, Paris demande des explications, Paris enquête, Paris exige qu'il soit fait quelque chose pour les indigènes.

Mais, dans le même temps Paris veut laisser au Résident général le soin de prendre ses responsabilités. Les directives qu'il donne sont forcément générales, vagues, incertaines. Si, généreusement, le

Parlement se montre disposé à faire quelque chose pour les indigènes, il laisse volontiers au gouvernement le soin de l'exécution. Il émet des vœux. Le gouvernement enregistre, clame sa bonne volonté, et c'est tout. Les bureaux du quai d'Orsay sont chargés de l'application. Or, ils sont renseignés par les bureaux de Tunis à qui le régime de l'arbitraire rend la tâche particulièrement facile, qui redoutent surtout les histoires que pourrait leur susciter une représentation démocratique du pays.

La bonne volonté du gouvernement métropolitain se dilue dans l'atmosphère bureaucratique du ministère compétent. Les circulaires officielles, publiques sont inspirées du plus pur libéralisme, mais en dessous passent les notes confidentielles qui barrent la route à toute espèce de réforme et de progrès. Le gouvernement local balloté entre diverses-tendances doit chercher l'application pratique.

Il trouve les Services économiques indigènes.

Cette nouvelle administration aura pour but de poursuivre le relèvement économique et moral de l'indigène, mais toute initiative dans cet ordre d'idées sera nécessairement gouvernementale. De sorte que l'évolution sociale des Tunisiens devra se produire dans le cadre tracé par l'autorité, de manière à ne dévier vers aucune des voies normales où l'initiative individuelle ou corporative pourrait vouloir l'entraîner.

Les Services économiques indigènes sont une institution étroitement administrative qui affirme davantage la tutelle de l'administration sur l'activité des Tunisiens.

Ils garantissent cette administration contre la menace du péril tunisien puisqu'elle est la maîtresse absolue du développement qu'elle veut donner aux industries, au commerce, à l'agriculture et bientôt à l'enseignement des indigènes.

Ils les mettent à l'abri du reproche de ne rien faire pour les indigènes.

Les Tunisiens se rendent compte rapidement de ce leurre .

L'intention gouvernementale leur apparaît vite comme une grossière tricherie, un dérivatif que l'administration propose à leurs préoccupations politiques. Mais ils savent bien, pour l'avoir appris en France, que la qualité et le droit de l'homme et du citoyen se reconnaissent à cela que celui qui paie l'impôt en surveille et en ordonne la dépense et non pas aux charités que lui distribue la faveur gouvernementale. Ils savent qu'aussi longtemps qu'ils seront de simples machines à contribution sans avoir le droit de décider l'emploi de leur argent, ils constitueront une race inférieure de taillables et de corvéables. Ils ne sont pas loin de se comparer, ,et non sans raison, aux serfs du moyen âge. Et ils aspirent à une révolution.

Que sera cette révolution ?

Il serait peut-être téméraire de penser que jamais dans aucun esprit tunisien la pensée d'une révolution violente, sanglante, capable de débarrasser la Régence de la tutelle étrangère, n'ait germé. Mais si

de pareils extrémistes existèrent dans le parti tunisien, reconnaissons que leurs propositions n'ont
jamais franchi le seuil de leurs cercles privés et
qu'elles tombèrent devant l'indifférence ou l'hosti-
lité de leurs compatriotes.

Il fallut les maladresses du gouvernement du Protectorat pour faire ce que n'avaient pas fait toute
l'agitation panislamique et les manœuvres de la
jeune Turquie, jeter Bach Hamba (1) entre les bras
de nos ennemis et réveiller l'angoisse religieuse au
sein de nos paisibles populations.

En obéissant aux sommations du *Colon français*
et de M. de Carnières qui régulièrement demandait
la tête des jeunes tunisiens, en paraissant attribuer
aux événements du Djellaz, au boycottage des
tramways et à diverses manifestations violentes
l'importance d'un complot contre la sûreté de l'Etat,
en méconnaissant volontairement le caractère purement religieux des sympathies tunisiennes à l'égard
des Tripolitains contre l'Italie, en couvrant la faute
lourde d'un haut fonctionnaire qui omit de décom-
mander les géomètres du fameux cimetière, en
défendant les intérêts d'une compagnie privée, chargée d'un service public, qui boycottait systématiquement le personnel indigène au profit du personnel étranger, italien en particulier, en supprimant

1. Ali Bach Hamba était un jeune avocat de grande valeur
que l'on pouvait considérer comme l'un des chefs reconnus
du mouvement jeune-tunisien. Il fut expulsé en raison de
ses opinions politiques en 1912. Il se réfugia à Constanti-
nople où il ne se montra pas, on peut le penser, l'ami de
la France.

la publication du *Tunisien*, en exilant Bach Hamba, Taalbi, Guellaty, Nooman, en internant] Smerli, Chadli Darghoat et Moktar Kahia, le gouvernement du Protectorat créait en réalité le parti jeune-tunisien, soulevait les ardentes curiosités de toute une population éminemment impressionnable et préparait les voies de la révolution.

Grâce à la sagesse des Tunisiens de notre époque, cette révolution doit rester pacifique. Elle a trouvé son expression dans la revendication qui fait l'objet de cette étude : La Constitution.

III. — LA PARTICIPATION DES TUNISIENS A LA GRANDE GUERRE, ET LES PRINCIPES WILSONIENS

1° La grande guerre ne pouvait pas ne pas avoir sa répercussion sur l'opinion tunisienne.

Pour assurer le calme dans la Régence et la tranquillité des esprits, la France, par ses représentants les plus autorisés, le Résident général à Tunis, les membres du gouvernement à Paris, n'hésita pas à marquer au peuple tunisien les sentiments de la plus tendre affection.

Une censure sévère, dès le 2 août 1914 interdit à la presse de molester en quoi que ce fût l'opinion indigène.

Nous n'avons pas tari d'appréciations flatteuses pour cette fraternité franco-tunisienne qui se scella sur le champ de bataille et à l'abri de laquelle nous avons pu mobiliser plus de cent mille tirailleurs dont 60 o/o ne sont pas revenus.

Les Tunisiens ont pris pour argent comptant la promesse, pas très explicite, mais formelle que nous leur avons faite : à savoir que l'accomplissement loyal de leur devoir militaire leur conférerait des droits certains à notre reconnaissance.

L'heure de l'échéance a sonné. Les Tunisiens demandent les droits auxquels ils pensent pouvoir prétendre.

Vous connaissez ce bon paroissien d'un joli conte bleu, qui entendit son curé affirmer dans son sermon du dimanche, que Dieu rendait au centuple le bien fait aux pauvres en son nom. Le pauvre homme, sur cette assurance tombée du haut de la chaire, s'empresse d'édifier une étable aux vastes proportions. Puis menant son unique vache au presbytère il prétendit en recevoir cent de son pasteur. Il ne réussit qu'à se faire jeter à la porte comme un fol entêté et dut reprendre le sentier de sa chaumière, tout ruiné de ses rêves envolés, répétant avec obstination :

— Vous l'avez dit ! Monsieur le Curé, vous l'avez dit !

Les Tunisiens répètent à leur tour :

— Vous l'avez dit ! Messieurs les Français ! vous l'avez dit que nous aurions des droits !

Il nous importe, il importe à la Tunisie, il importe à l'honneur de la France que la réalisation de nos promesses ne soit pas réportée comme celle de l'Evangile, dans un monde meilleur.

Pas plus que notre signature, notre parole, notre engagement moral ne peuvent constituer des chiffons ou des fumées, de fallacieuses promesses pour un lendemain qui n'arrivera jamais.

2° La politique wilsonienne n'a pas été sans émouvoir les esprits tunisiens.

Les grands principes sociaux préconisés par le grand président d'une grande République ont eu leur écho dans le cœur de nos protégés.

Lorsqu'ils ont constaté l'accord des gouvernements sur la formule de la liberté des peuples à disposer d'eux-mêmes, les Tunisiens, ou plutôt certains Tunisiens ont pensé qu'ils pouvaient réclamer en leur faveur l'application de cette belle formule.

Ils ont cru, passez-moi l'expression, que c'était arrivé.

Pas longtemps. Ce qui prouve leur sens clair des réalités.

Et ce n'est pas au nom des principes wilsoniens que la Régence réclame une constitution. S'il en est question parfois, au cours de ses revendications écrites ou verbales, c'est à titre documentaire et comme pour mémoire.

Il n'en demeure pas moins que l'influence du président américain s'est fait sentir, a provoqué certains espoirs, fait jaillir quelques flammes.

Et de cela encore nous aurions tort de ne pas tenir compte.

CHAPITRE III

LA CONSTITUTION

Qu'est-ce que la constitution ?

C'est le statut, la règle qui fixe les rapports d'un peuple avec un gouvernement.

Qu'il s'agisse de constitution, de charte constitu-tionnelle, de pacte constitutionnel, de garanties constitutionnelles, la chose, sous des modalités qui peuvent différer, reste au fond la même : c'est la relation établie entre la collectivité nationale et le pouvoir central qui la représente.

Car où il y a constitution il y a représentation.

Un régime constitutionnel est celui par le moyen duquel la collectivité souveraine maîtresse de ses destinées confère à un organisme spécial plus ou moins compliqué le soin de l'administrer.

La puissance, l'autorité, la souveraineté appar-tiennent à la masse qui par le moyen de l'urne élec-torale fait connaître ses besoins et ses volontés et charge un certain nombre de ses représentants choisis par tel ou tel mode de scrutin, de poursuivre l'exécution de ses volontés et la réalisation de ses désirs.

1° La Constitution d'après Taalbi

Les Tunisiens sont-ils d'accord sur la constitution qu'ils demandent ?

Il ne faut pas attacher grande importance au rappel que certains d'entre eux font volontiers de la constitution telle qu'elle existait avant le Protectorat.

Il est possible qu'en principe sur le papier, ce régime fut idéalement beau.

« Le droit public musulman, antérieurement au
« droit public européen, fonde la constitution de la
« société sur les principes de la liberté individuelle
« réglementée, du respect de la personnalité et des
« biens, fruits du travail. Les libertés de pensée,
« d'opinion, de réunion, sont acquises à l'individu,
« avec le consentement à l'impôt, comme un bien
« nécessaire. »

Ainsi s'exprime Taalbi à la page 17 de sa *Tunisie martyre* (1).

Et citant les stipulations essentielles du Pacte fondamental de 1857, il constate, en le regrettant, que l'occupation française les a fait s'évanouir.

« Une complète sécurité est garantie formelle-

---

1. *La Tunisie martyre*, éditée chez Jouve à Paris.

La publication de cette brochure a valu à son auteur des poursuites devant le Conseil de guerre de Tunis, pour complot contre la sûreté de l'État.

L'instruction de cette affaire a abouti à une ordonnance de non-lieu sur ce chef d'inculpation. Mais Taalbi fut retenu en prison sous prévention d'avoir contrevenu à l'article 81

« ment à tous nos sujets, à tous les habitants de nos
« Etats, quelles que soient leurs religions, leur
« nationalité et leur race. Cette sécurité s'étendra à
« leur personne respectée, à leurs biens sacrés et
« à leur réputation honorée. Cette sécurité ne subira
« d'exception que dans les cas légaux dont la con-
« naissance sera dévolue aux tribunaux. »

La plupart des amis de Taalbi, convoqués à l'instruction, dans son affaire de complot contre la sûreté
de l'Etat, déclarèrent au magistrat rapporteur que
c'est là le spectacle d'un régime idéal que le Tunisien
n'a connu que de nom.

En réalité ce qui a fait la faiblesse de la Régence,
tant sous la domination turque que sous l'autonomie de ses beys, c'est le manque de garanties des
personnes et des biens, le caractère arbitraire de
l'impôt, la fantaisie des décisions de justice, régime
de bon plaisir, de faveur et de passe-droit, de
gabegie, d'incurie et de gaspillage, tel que la Tunisie
par le désordre de ses finances, le déséquilibre de
son administration, constituait une proie toute dési-
gnée à l'impérialisme des grandes nations occiden-
tales.

Et c'est une vérité que les Tunisiens ne contestent
plus que si la France n'avait imposé sa tutelle à la

du Code pénal tunisien qui interdit aux indigènes la critique des actes de l'administration du Protectorat.

L'application intelligente de la loi d'amnistie de 1921, par
M. Saint, résident général, a mis un terme heureux à cette
farce sinistre. Taalbi a été enfin libéré après douze mois
d'incarcération préventive à la prison militaire de Tunis.

Régence celle-ci n'eut pas manqué d'être colonisée et peut-être plus violemment par l'Italie ou par l'Angleterre sinon par l'Allemagne.

Il n'est donc permis de rappeler l'existence du Pacte fondamental de 1857 que pour déplorer qu'il n'ait jamais été mis sérieusement en application.

Désordre dans les finances, absence de travaux publics, absence d'outillage économique, administration vénale, justice rudimentaire, pas d'hygiène, pas d'assistance publique, confusion de tous les pouvoirs dans l'autorité du prince, tel fut en réalité le régime que la France trouva en Tunisie.

D'après Taalbi, la Tunisie, aujourd'hui majeure, peut se gouverner elle-même. Son statut politique doit être organisé de la façon suivante :

1° A la base, le citoyen tunisien. Sera considéré comme tunisien et jouira de droits et devoirs du citoyen tunisien s'il en manifeste le désir, tout individu qui sera né ou aura résidé continuellement et volontairement pendant dix ans en territoire tunisien.

2° Le citoyen tunisien jouira :

a) De la liberté individuelle, limitée seule par la loi appliquée par les tribunaux de droit commun ;

b) Liberté du travail ;

c) Liberté d'association ;

d) Liberté de parole ;

e) Liberté de la presse ;

f) Droit de pétition ;

g) Inviolabilité du domicile et des biens ;

h) Egalité de tous devant la loi et devant les charges publiques. Contribution de chacun selon ses facultés et revenus ;

i) Accès à toutes les fonctions publiques selon le mérite et la capacité.

3ᵉ Pouvoir exécutif, héréditaire dans la famille régnante suivant les usages du royaume.

4° Conseil des ministres responsables devant le Conseil suprême.

5° Pouvoir législatif exercé par un Conseil suprême de 60 membres, citoyens tunisiens dont 10 nommés par le chef de l'Etat et 50 élus pour quatre ans par un suffrage aussi large que possible. Ce Conseil est permanent ; il vote les lois et le budget.

6° Organisation des communes pourvues de la personnalité morale et élection des municipalités.

7° Pouvoir judiciaire indépendant, délégué à tous les degrés.

La formule de Taalbi aurait dans son application pour résultat d'enlever à la France la tutelle de la Régence, et de laisser aux Français fixés dans ce pays depuis dix ans la possibilité de se faire naturaliser tunisien.

En l'état actuel des choses, une semblable revendication appartient au domaine du rêve. Nous n'avions pas le droit de la passer sous silence puisqu'elle est l'expression d'une opinion minoritaire, mais elle tient trop peu compte des réalités présentes pour que nous nous attardions à la discuter.

Il nous est plus utile de voir de près la Constitution réclamée par les Tunisiens qui acceptent le cadre du Protectorat et dont la formule plus vivante s'attache à tenir compte des réalités et s'arrête en somme à la modalité de la collaboration.

Pour rassurer les Français de la Régence que cette situation nouvelle pourraient effrayer et qui mettraient en doute la sincérité des sentiments indigènes à notre égard, je dois rappeler qu'ayant accompagné la délégation qui visita les sphères parlementaires de France en janvier 1921, j'ai eu l'avantage personnel d'entendre la déclaration formelle, chaque fois renouvelée, du président de cette délégation à chacun de nos interlocuteurs. « Nous reconnaissons le Protectorat français comme un fait historique que nous ne devons pas discuter, sachant que si la France n'occupait pas dans ce pays la situation privilégiée que lui confère les traités, nous serions tributaires d'une autre nation puissante. La situation géographique de la Tunisie, au carrefour des grandes routes de l'ancien continent fait que ce petit pays occupe une place trop importante dans la géographie militaire et économique du monde pour qu'il puisse espérer vivre autonome, hors de l'influence d'une des grandes puissances européennes. »

2° LE PARTI JEUNE TUNISIEN

A la suite de nombreuses et parfois pénibles discussions qui nous ont été révélées par l'instruction de l'affaire Taalbi, le parti tunisien s'est arrêté à un programme de réformes comportant neuf points.

Voici les neuf points tels qu'ils furent présentés à Tunis, à S. A. le Bey, au Résident général et au secrétaire général du gouvernement tunisien ; à Paris, au Président de la Chambre des Députés, au Ministère des Affaires étrangères, aux parlementaires et à différents Comités politiques qui voulurent bien s'intéresser aux démarches des deux délégations envoyées en France par les Tunisiens, en juin 1920 et en janvier 1921.

1° Une assemblée délibérative, composée de membres tunisiens et français élus au suffrage universel, maîtresse de son ordre du jour et à compétence budgétaire étendue ;

2° Un gouvernement responsable devant cette Chambre ;

3° La séparation absolue des pouvoirs législatif, exécutif et judiciaire ;

4° L'accès des Tunisiens à tous les postes administratifs à condition de présenter les garanties intellectuelles et morales requises chez les candidats français;

5° L'égalité de traitement des fonctionnaires occupant, à compétence égale, des fonctions identiques, sans qu'il soit fait de différence en faveur des Européens et au détriment des Tunisiens ;

6° L'organisation de municipalités élues au suffrage universel dans tous les centres de la Tunisie;

7° L'instruction obligatoire ;

8° La participation des Tunisiens à l'achat des lots de l'agriculture et des terres domaniales ;

9° La liberté de presse, de réunion et d'association.

De ces neuf points nous négligerons ceux qui n'ont pas directement trait à la politique et ne nous occuperons que de la constitution.

Au surplus la question des libertés de la parole, de la presse, de réunion, d'association, la question de la justice, la question de l'égalité des charges, la question de l'enseignement, celle de l'hygiène, celle des terres, sont les corollaires de la question politique et seront faciles à résoudre lorsque la solution de la première aura été trouvée.

Il suffira de donner satisfaction aux Tunisiens dans leurs revendications politiques pour qu'il leur soit permis de réaliser les autres réformes dont ils proclament l'urgence.

Les garanties individuelles et sociales découlent naturellement de l'organisation politique du pays.

Que demandent les Tunisiens ? Des droits politiques sans lesquels il leur est impossible de faire écouter leur voix pour la défense de leurs intérêts.

« A l'heure actuelle, dit *le Temps* du 2 février « 1921, il est fâcheux de constater que ni à la Confé-« rence consultative ni dans les Conseils munici-« paux on ne rencontre un seul élu indigène. »

Les Tunisiens réclament donc une représentation élue au suffrage universel. Ils demandent que la Conférence soit composée en nombre égal de Français et d'indigènes.

Ils demandent comme les Français que les attributions de la Conférence soient élargies; que cette assemblée au lieu de rester consultative, devienne délibérative et que dans une certaine mesure soit instituée la responsabilité du gouvernement.

Il ne s'agit pas, répétons-le, de porter atteinte à la souveraineté française et de diminuer l'autorité du résident général. Il s'agit de permettre à la population qui contribue, d'imposer à l'administration, irresponsable jusqu'à ce jour, le budget des recettes et celui des dépenses.

Comme toute mesure de politique intérieure est après tout une mesure d'ordre budgétaire la Conférence aurait aussi son mot à dire sur toutes les questions d'ordre intérieur.

Ce programme à qui, bien des égards, rappelle celui qui fut adopté par certains groupements politiques français de la Régence, comme le Parti socialiste, et par des groupements corporatifs importants, comme la Fédération des fonctionnaires de la Régence, a le mérite de mettre d'accord et les indigènes et un certain nombre de nos compatriotes.

Il a l'inconvénient de frapper d'horreur le gouvernement tunisien dont il sape la toute-puissance et de dresser contre lui toutes les forces de réaction accumulées tant dans les bureaux de Dar el Bey que dans ceux du Quai d'Orsay.

Ce programme, qui demande à être précisé, est-il compatible avec le régime du Protectorat. C'est ce qui nous reste à examiner.

3° LES REVENDICATIONS TUNISIENNES ET LES ISRAÉLITES

Lorsque les Tunisiens écrivent, parlent, vont à Paris en délégation, ils agissent non seulement au nom des musulmans mais aussi au nom des israélites.

Un avocat israélite, M⁵ Elie Zérah faisait partie de la délégation de 1921.

Il y a solidarité étroite entre Musulmans et Israélites en ce qui a trait à l'obtention de droits politiques.

C'est que les Israélites souffrent peut-être plus encore que les Musulmans de l'état de race inférieure dans lequel par la force de notre volonté ils sont actuellement maintenus.

Plus de cent mille Juifs peuplent la Tunisie. Colonie vaillante, ardente, particulièrement apte à s'assimiler toutes les conditions de la vie moderne et qui a fait l'étonnement de nos colons par sa puissance de travail, sa jeunesse d'esprit et son indéniable faculté d'adaptation.

Les Israélites supportent malaisément le joug beylical aggravé de tout le poids de l'administration française.

Beaucoup d'entre eux pour échapper à une sujétion dont leurs études, leurs travaux, leurs tendances nouvelles les détournaient et les dégoûtaient, cherchaient dans la naturalisation étrangère une garantie contre l'arbitraire du régime que nous imposions à la Tunisie.

Aujourd'hui, ils sont anglais, italiens, portugais. Ce sont des forces perdues pour l'influence française.

L'Angleterre en se faisant le protagoniste ardent du sionisme éveille dans la masse des idées nationalistes, d'obscurs désirs vers la patrie perdue, et cela au détriment de l'affection sur laquelle la France plus habile, plus juste, serait en droit de compter.

Allons-nous laisser l'Angleterre continuer son jeu ? Ceux qu'elle entraînera vers Jérusalem seront à jamais perdus pour nous. Ceux qui resteront conserveront dans le fond de leur cœur le regret de n'avoir pas suivi leurs frères, et ils en garderont quelque amertume à l'égard de la France apparemment moins généreuse et moins libérale que la Protectrice du royaume de Sion.

Donnons aux Israélites les droits qu'ils réclament en même temps que les Musulmans. Les voilà qui prennent à nouveau conscience de leur dignité d'hommes, de citoyens. Les voilà fixés à jamais dans un pays qui leur est cher puisque leur résidence y est séculaire, dans un pays où ils peuvent travailler librement, améliorer leur sort, participer à la vie publique, être au même titre que musulmans et français des cellules fécondes de l'Etat social.

Fini, pour eux, ce rêve de sionisme qui ne correspond pas, pour le moment du moins, à quelque chose de bien sérieux et dont achèvera de les détacher la certitude dans laquelle ils se trouveront de mener à Tunis, en toute dignité, une vie pleine de sécurité pour eux et pour leurs enfants (1).

1. Je ne crois pas que les sionistes de Tunis soient des agents de l'Angleterre, des agents conscients. Je ne mets pas en doute leurs sentiments à l'égard de la France. Mais ils font, même sans le vouloir, le jeu de l'Angleterre.

CHAPITRE IV

LES RÉFORMES POLITIQUES

Réorganisation de la Conférence. — La réforme
la plus facile, celle dont la réalisation marquerait
tout de suite un effort du gouvernement vers moins
d'absolutisme, serait celle de la composition de la
Conférence.

Il est plus commode de changer le nombre, la
qualité et le mode d'élection des délégués que d'é-
largir leur compétence.

1° CONFÉRENCE MIXTE

Les temps de l'arabophobie forcenée semblent
révolus. Il n'est plus guère de Français qui ose
aujourd'hui, à part quelques rares exceptions, soutenir le principe de la séparation des deux races, et
le maintien des indigènes dans un isolement qui
constitue de notre part à leur égard une marque
certaine de défiance et même de mépris.

Sous la pression des événements, réclamations
indigènes, articles de la presse parisienne, discours
parlementaires, développement des Services écono-

miques indigènes (1), les Français sont à peu près d'accord pour reconstituer la Conférence franco-tunisienne dont les membres siègeraient à égalité de compétence dans une même assemblée.

Il semble également acquis, par l'exemple des élections aux Chambres indigènes de commerce ou d'agriculture que le principe de l'éligibilité pour les délégués indigènes ne soit plus sérieusement discutable.

Le point délicat est de fixer la proportion des délégués indigènes par rapport aux délégués français.

Les indigènes demandent la moitié des sièges. Nombre de Français, estiment qu'un tiers et même un quart serait largement suffisant. Ils font valoir que dans la discussion des questions intéressant l'ordre public, il serait indispensable que le collège français eut toujours la majorité.

Mais c'est nourrir là préventivement une crainte sans fondement. Car quel que soit l'élargissement des attributions de la Conférence, il est évident que le gouvernement de la France ne songe pas à leur incorporer les questions d'ordre public et que le domaine dans lequel la Conférence réformée aurait

1. La création des Chambres de commerce et des Chambres d'agriculture exclusivement indigènes ont éveillé les susceptibilités de la Chambre d'agriculture française, qui par son organe *le Colon Français*, dénonce la formation et cela sous l'égide des Services économiques indigènes, d'un Etat indigène, dans l'Etat.

Après avoir refusé de siéger avec des indigènes, les agriculteurs français dénoncent le danger de corps constitués uniquement composés de Tunisiens. Ils reprochent à ces organisations d'apprendre aux Tunisiens à se passer de notre collaboration.

à évoluer resterait un domaine budgétaire. Les prérogatives de notre souveraineté seraient certainement mises hors de discussion.

En réclamant la moitié des sièges les indigènes font volontairement abstraction de la loi du nombre qui leur conférerait un droit plus considérable. Ils s'inclinent devant la qualité du citoyen français et acceptent la proportion de la moitié, en considérant que les délégués français ont une éducation civique plus ancienne et plus complète que la leur, et qu'il faut tenir compte de la situation privilégiée qui leur est faite par le Protectorat.

Retenons cette idée d'égalité, dans la représentation. Car elle peut être le fondement d'une foule de réformes utiles que les Tunisiens accepteront sans récriminer s'ils ont l'assurance qu'elles sont appliquées aux Français.

Le Tunisien a trop longtemps vécu dans le sentiment où l'entretenait savamment, méthodiquement la presse arabophobe, qu'il appartenait à une race inférieure, pour ne pas saluer avec joie toute nouveauté qui tendrait à le faire considérer à l'égal des Français et supprimerait cette stupide distinction dont il a trop souffert, entre races inférieures et races supérieures (1).

L'inconvénient que l'on pourra craindre est celui du bloc des voix indigènes pour ou contre tel ou tel projet d'intérêt exclusivement français. Cet incon-

---

1. Le Tunisien est très sensible au principe d'égalité. Il accepte toutes les charges pourvu qu'elles ne le frappent pas seul.

vénient doit disparaître si, de plus en plus, la politique de l'intérêt public supprime et remplace celle des petites combinaisons contre lesquelles la majorité de la population française doit se défendre à l'égal de la majorité de la population indigène.

Cet inconvénient ne saurait exister pour ceux qui ont foi dans l'éducation civique des indigènes et savent que leurs représentants élus seront capables d'envisager les problèmes soumis à leurs délibérations avec toute la hauteur de vues, l'intelligence et le sens critique dont peuvent déjà faire preuve les élus français.

Pour ma part j'accepte cette proportion de 5o o/o d'élus pour chaque section comme preuve de la modération et de la sagesse des indigènes dans leurs revendications et manifestation de leur désir de vivre dans le meilleur accord avec nous.

Je l'accepte à titre provisoire, comme représentative d'un état de transition en attendant le jour entrevu, mais entrevu seulement par Taalbi, d'une unité plus complète des Français et des indigènes de la Tunisie pour la défense de leurs intérêts locaux. Cette unité non plus constituée sous l'égide

Ainsi l'impôt de capitation la mejba dont étaient exempts les habitants des cinq villes Tunis, Sousse, Sfax, Monastir et Kairouan, par une très ancienne faveur beylicale, a pu être supprimé et remplacé par un impôt nouveau l'istitan qui frappe tous les habitants de la Régence. Les citadins des cinq villes privilégiées ont abandonné sans récrimination leur privilège parce que l'istitan frappait également la population française.

Les indigènes se soumettent aussi facilement aux prescriptions concernant l'établissement de l'état civil, parce que ces mêmes prescriptions obligent les Français.

d'une dynastie héréditaire ou d'un protectorat européen, mais subordonnée aux intérêts de l'humanité
tout entière. Mais cela, c'est une autre histoire.

Le projet Taalbi, s'il était appliqué en ce moment,
aurait pour résultat le triomphe certain du nationa-
lisme tunisien, lequel n'aurait pas plus grande hâte
que de rétablir les anciennes familles féodales en
leurs antiques privilèges au détriment de la masse
qui nous intéresse.

J'accepte la proposition du Parti tunisien parce
que la Tunisie n'étant pas un pays libre, nous
sommes obligés de tenir compte des restrictions fa-
tales que le régime du Protectorat doit infliger aux
libertés publiques ; parce que la Tunisie étant un
pays protégé, nous devons encore tenir compte de
ce que la population de ce pays n'est pas une, et qu'à
côté des Tunisiens il y a une importante minorité française, forte des traditions coloniales de la France et
qui s'attache encore à distinguer ses intérêts de race
et de nationalité des intérêts propres des indigènes.

Et si nous pouvons regretter que la Tunisie ne
soit pas un pays libre, si nous pouvons regretter que
l'unité de la population ne se soit pas encore accom-
plie, il n'en est pas moins vrai que nous devons, pour
envisager sérieusement le problème de la constitution ne pas négliger ces deux formidables réalités qui
dominent tout le débat.

Car la difficulté pour nous est de savoir comment
nous pourrons appliquer à un pays qui n'est pas
libre les libertés naturelles en vigueur dans les pays
libres.

La difficulté est de savoir comment nous concilierons l'intérêt de ce qu'on a appelé la prépondérance française, avec le libre jeu des institutions démocratiques que demandent les indigènes et que nous demandons avec eux, pour eux et aussi pour nous.

Mais cette recherche rentre dans le chapitre des attributions de la Conférence et nous n'en sommes qu'à la forme et à la composition de cette assemblée.

2° Suffrage universel. — Collège unique

Il est nécessaire, ici de rappeler rapidement le fonctionnement actuel de la Conférence française. Cette assemblée est composée des représentants de trois collèges agricole, commercial et troisième collège (comprenant les électeurs que les deux autres n'absorbent pas).

La Tunisie est divisée en circonscriptions électorales. Chaque circonscription envoie à la Conférence un même nombre de représentants dans chaque collège. Or comme le chiffre des électeurs varie énormément suivant les collèges, il y a des délégués élus par quinze ou vingt voix tandis que d'autres ne passent pas avec sept et huit cents voix.

C'est contre cette iniquité que proteste la colonie française des deuxième et troisième collèges, qui étant la majorité, se trouve lésée par cette organisation.

En réalité celle-ci a été faite toute en faveur des colons agriculteurs, sous prétexte qu'ils détiennent une grande partie de la richesse privée.

C'est là un régime véritablement aristocratique

que ne peuvent plus admettre les collèges toujours plus nombreux des ouvriers, employés et agents subalternes de l'Etat, et qui est en contradiction avec les principes républicains les plus élémentaires.

L'idéal de tous les peuples libres est de posséder le suffrage le plus large possible, et le suffrage le plus large possible, c'est le suffrage universel.

La majorité des Français réclament pour eux le suffrage universel. Ils restent dans la tradition républicaine.

Quelques Français préfèrent le suffrage par collège, car représentants de gros intérêts capitalistes, ils craignent de voir ces intérêts particuliers compromis par le suffrage universel.

Les intérêts des grands colons producteurs, des grandes compagnies seraient lésés s'ils étaient soumis à la délibération d'une majorité de consommateurs.

Du moins le pense-t-on ainsi au premier collège (agricole), dans une partie du deuxième collège (commercial) et dans une partie du troisième collège (les hommes qui justement appelés « les terre-neuve » sont liés au gouvernement, par les lois de la reconnaissance).

Cette minorité de Français dispose de relations importantes avec les maîtres du pouvoir, en France, les Conseils d'administration des grandes sociétés, des banques, dont l'influence sur le gouvernement et en particulier sur le ministère des Affaires étrangères n'est pas niable.

Le Résident général subit donc les suggestions

qui lui viennent de Paris. Il ne peut que maintenir un système qui plaise aux puissances financières de la métropole et à leurs agents de Tunisie.

Mais ce système des trois collèges est profondément immoral et il n'est pas nécessaire d'insister sur la matière. Il revient en somme à faire gouverner tout un pays de deux millions d'indigènes, une colonie étrangère de plus de cent mille âmes, une colonie française de près de quarante mille âmes par une poignée de quelques centaines de propriétaires terriens, véritables seigneurs féodaux, et une demi-douzaine de grandes compagnies.

Les indigènes ont subi ce joug sans trop se plaindre jusqu'à ce jour.

Aujourd'hui ils réclament.

La majorité des Français s'est également soumise à ce régime. Elle veut en changer.

Nous sommes las, les uns et les autres d'être admis, au seul honneur de payer l'impôt. Nous en voulons contrôler l'emploi.

« On n'est pas citoyen parce qu'on paie l'impôt, « écrit Edouard Laboulaye (1), mais parce qu'on « aime la cité. »

Or, le moyen d'aimer une cité où le seul, l'incontestable maître est l'administration.

On aime la cité pour laquelle on travaille, pour laquelle on peine, pour laquelle on souffre, mais pour laquelle aussi on prend des responsabilités, celle qu'on administre, qu'on dirige.

1. *Le Parti libéral*, p. 41.

Or nous avons tous le sentiment très net que nous ne sommes rien dans l'administration de la cité.

Ce sont les fonctionnaires, quelques gros fonctionnaires qui sont tout, eux et leurs occultes animateurs.

Nous ne participons pas à la confection des lois. Les décrets sortent au petit bonheur, favorisant les uns, accablant les autres, sans que leurs termes aient subi l'épreuve de la publicité soit dans la presse, soit à la tribune.

Nous votons une partie du budget, mais ce sont des broutilles dont le gouvernement amuse les délégués à la Conférence. Nous ne votons pas la partie la plus importante et pour celle que nous votons les actes de mauvaise volonté de l'administration passant outre aux décisions de notre Chambre consultative, en prenant parfois même le contre-pied, restent sans aucune sanction (1).

1. Le gouvernement de la Tunisie en 1920 a besoin d'argent. Il décide de demander à la conférence consultative le vote d'une taxe d'exportation sur l'huile de 300 francs par quintal.

La section indigène vote la proposition gouvernementale de 300 francs. La section française, en partie hostile à une aussi forte taxe, vote finalement pour 275 francs.

Pendant les discussions le gouvernement tunisien reçoit du président du syndicat des fabricants de conserves de France un télégramme le sommant de faire baisser la taxe à 200 francs. Le gouvernement tunisien repose la question devant la section indigène qui s'incline et vote 200 francs Elle aurait voté n'importe quel chiffre.

La section française maintient son premier vote.

Le Conseil supérieur du gouvernement réuni d'office coupe la poire en deux et se décide pour 250 francs.

Le Ministère des Affaires étrangères à qui le budget est soumis, prend parti pour les intérêts des fabricants de

Ce n'est pas là le travail du suffrage universel, et c'est pour cela que nous réclamons le suffrage universel.

Le suffrage universel unique pour les Français d'une part, pour les Indigènes d'autre part.

Il faut que ce soit la voix du peuple qui porte les élus au Conseil du gouvernement, la voix de la majorité. Et pour éviter le péril que l'on semble craindre d'une collusion entre les membres d'une même catégorie (cheminots, fonctionnaires) pour évincer les représentants des agriculteurs et des commerçants, il suffit de tailler de larges circonscriptions électorales qui comprennent des éléments de toutes les catégories d'électeurs.

Il faut renoncer à cette petite politique arrondissementière qui consacre les élus à une besogne illusoire, toujours sujette à révision.

Les élus doivent pouvoir s'occuper de la politique générale du pays et par conséquent apporter au gouvernement les vœux de régions où tous les intérêts de la colonie sont en jeu. Nous voulons que les élus voient des représentants, des fonctionnaires, des industriels, des commerçants, des colons.

C'est dans cette mesure seulement que nos représentants seront les représentants du pays et pourront faire entendre au gouvernement les vœux du pays et la voix de l'intérêt général.

C'est dans cette mesure que nous cesserons d'as-

conserves contre ceux du trésor tunisien et démolit tout le travail fait en Tunisie en fixant arbitrairement et définitivement la taxe d'exportation à 100 francs.

sister aux tractations scabreuses entre le gouvernement et les élus, tractations qui d'un côté renforcent l'arbitraire du gouvernement en liant les délégués par des concessions ou des conventions plus ou moins secrètes, d'un autre côté permettent le gaspillage des fonds publics, jettent la ruine sur le pays et couvrent de ridicule notre misérable représentation.

Diviser la Tunisie en quatre grandes circonscriptions commandées par leurs capitales naturelles : Tunis, Bizerte, Sousse et Sfax, en tenant compte de la division administrative en contrôles civils et en caïdats, tel est le projet auquel se sont arrêtés les hommes et les groupements qui ont pris la peine d'étudier la question.

Dans chaque circonscription les élus auraient l'honneur et la responsabilité de représenter des électeurs colons, des électeurs commerçants, des électeurs industriels, et des électeurs des fonctions libérales.

Le chiffre actuel des délégués français pourrait être maintenu sans inconvénient, ce qui amènerait à 45 le chiffre des délégués indigènes. Une représentation vraiment démocratique doit être nombreuse.

3° PUBLICITÉ DES SÉANCES

Un des moyens d'éviter à l'assemblée consultative d'être un cénacle et de traiter les affaires du pays d'une façon occulte est d'assurer la publicité des séances.

Les affaires publiques doivent se traiter publiquement. C'est dans tous les cas le seul moyen de les
traiter moralement.

La préparation des travaux, l'élaboration des
réformes qui peuvent s'exécuter dans le sein de
commissions doivent se terminer par une discussion
au grand jour.

Il n'y a pas de meilleur remède contre les combinaisons d'intérêts privés que la certitude dans
laquelle doivent être leurs auteurs que leurs petites
manigances seront bientôt révélées au grand public.

La publicité a l'inconvénient de faire surgir des
orateurs et de produire des discours interminables,
chacun pour la joie de ses électeurs, voulant paraître
en bonne place dans les quotidiens du lendemain,
ou dans les procès verbaux de la conférence.

On peut remédier à cet inconvénient en limitant
la durée de l'intervention des orateurs.

Mais même sans ce remède, et en s'étalant en
toute liberté, cet inconvénient est moindre que celui
qui consiste à palabrer dans le huis-clos sur les intérêts capitaux du pays.

Il faut que le pays se rende compte de l'attitude
de ses représentants, que l'électeur contrôle son élu.
Or il n'y a point de contrôle possible sans publicité.
Les compte-rendus officiels paraissent tard et sont
remaniés au gré des orateurs; ils ne peuvent, même
sténographiés officiellement, donner une physiono-
mie exacte des débats.

La publicité des séances permet au collège électoral après chaque session, de demander compte à

ses élus de leur attitude, de leur intervention, de leurs votes.

C'est vraiment, alors, le peuple lui-même délibérant, décidant, administrant. C'est le peuple s'intéressant à la chose publique, suivant avec passion les discussions dont la répercussion doit se faire immédiatement sentir sur sa personne ou sur ses biens.

Il n'est pas d'assemblée vraiment démocratique dont les séances ne soient pas publiques, et il serait incompréhensible que seule des états modernes la Tunisie restât le pays dont la représentation s'agite et discutaille derrière des portes rigoureusement closes qui permettent toutes les suppositions à ceux qui sont dehors et toutes les fourberies ou toutes les âneries à ceux qui fonctionnent au dedans.

4° LIBERTÉ DE LA PRESSE

La presse libre est le corrolaire nécessaire de la publicité des séances de la conférence consultative.

Elle est la condition de la sincérité des débats politiques. Elle est la garantie de toutes les autres libertés.

Les grands libéraux qui faisaient la République si belle sous l'Empire ont fait de cette liberté le fondement de leurs revendications.

Et s'il nous est permis d'invoquer ce souvenir, c'est qu'en réalité notre gouvernement tunisien rappelle dans sa forme l'administration du Bas-Empire et ses procédés de musellement de l'opinion publique.

La presse libre défend nos personnes et nos droits. Elle est la condition du progrès dans tous les domaines, scientifique, littéraire, artistique, commercial, industriel. Et ses excès dont, chacun de nous peut avoir à se plaindre, ne s'élèvent jamais à la hauteur des bienfaits qu'elle répand.

Il suffit que la loi protège l'individu contre ces excès possibles.

La liberté doit être assurée à la presse indigène comme à la presse européenne, car tous les arguments dont l'administration pourra se servir pour juguler les journaux tunisiens ou étrangers sont exactement ceux dont se servaient les préfets de l'empire pour mâter les feuilles républicaines.

Il n'est pas d'ailleurs sans intérêt de remarquer que trop souvent les fonctionnaires coloniaux (1) de notre République reproduisent assez bien et volontiers dans leurs méthodes les façons de l'Empire. Ne restent-ils pas les derniers représentants de l'impérialisme français? Ils doivent à cet égard mériter toute notre attention et toutes nos réserves.

Le journal, c'est l'écho obligatoire des voix qui se font entendre à la Conférence, et sans lequel le pays reste étranger à ses propres affaires.

Comment donc le pays s'attacherait-il à ses représentants ? Comment suivrait-il leur activité ? Le silence qui planerait sur le pays ne tarderait pas d'ailleurs, à s'imposer à la Conférence elle-même,

---

1. Il ne saurait s'agir ici de la masse des fonctionnaires coloniaux, simples agents d'exécution, qui n'ont aucune responsabilité dans la direction des affaires publiques.

et le gouvernement continuerait à gouverner sans contre-poids et sans contrôle ?

Que les journalistes entrent donc librement à la Conférence, qu'ils publient librement leurs notes de séance, que le public, si les dispositions matérielles de la salle de délibérations ne permettent pas encore facilement son accès, trouve dans son journal favori le compte-rendu des débats.

Les représentants, à ce régime, gagneront en dignité, le gouvernement sera mieux éclairé et plus sûrement contrôlé, le pays enfin renseigné travaillera tout entier à l'élaboration des lois que doit seul dicter le souci de l'intérêt général.

CHAPITRE V

LES ATTRIBUTIONS DE LA CONFÉRENCE

A cette conférence composée de quarante-cinq délégués français et de quarante-cinq délégués indigènes, quel travail donnerons-nous ?

Si la Tunisie était un pays libre la question ne se poserait pas. La Conférence aurait la compétence d'un parlement. La Tunisie est un pays protégé.

En vertu du traité de Bardo le Bey a confié au gouvernement français le soin d'administrer le pays en son nom.

C'est donc le Résident général, représentant du gouvernement français, qui a seul le droit d'administrer, de légiférer.

On comprend que ce haut fonctionnaire ne puisse aller au delà des limites prévues par sa charge. Il ne saurait élargir les attributions de la Conférence sans le consentement du ministère auquel il ressortit.

En définitive la question tunisienne est une question de gouvernement français.

Il faut tenir pour nulle l'objection du consentement préalable à obtenir de Son Altesse le Bey, car, en dernière analyse la volonté et la décision appartiennent au gouvernement protecteur.

Elargir les attributions de la Conférence serait diminuer l'autorité du Résident général et par conséquent du gouvernement français.

Sans aucun doute.

Mais cette diminution n'est-elle pas dans le domaine des choses possibles ?

Dans la forme, il est possible de considérer la création de la Conférence comme un contre-poids à l'autorité du gouvernement puisque les dépenses dites facultatives ne peuvent être décidées par le Résident que sur un vote favorable de la Conférence.

En fait, et dans le fond nous savons bien que l'étendue du Pouvoir Central n'a été en rien modifié.

Le Résident reste seul maître de la décision qui peut être différente du vœu émis par la Conférence et même lui être directement contraire.

Le budget élaboré, voté par la Conférence n'a qu'une portée d'indication. On sait qu'il est sujet à remaniements de la part du Conseil supérieur de gouvernement, organe où le gouvernement a toujours sa majorité de fonctionnaires assurée par le nombre de ces derniers.

On sait qu'il ne devient exécutoire qu'après approbation du Quai d'Orsay, à qui en définitive revient, même en matière budgétaire, le dernier mot.

Pour ce qui a trait aux innombrables vœux qui se font jour tant au cours des séances de commissions que dans les assemblées plénières, nul n'ignore que ce sont là autant de fumées vaines destinées à amuser les élus et à tromper les électeurs.

Ces vœux sont repoussés lorsqu'ils n'agréent pas au gouvernement, sous le prétexte facile qu'ils sont contraires au décret organique de la conférence ; ils ne sont acceptés que s'ils ont déjà et par avance l'agrément de l'administration qui se donne le malin plaisir de faire enfoncer par nos délégués des portes qu'elle a déjà ouvertes.

Ceux-ci ont donc l'incontestable avantage de revenir devant leurs électeurs et de leur déclarer :

« Voyez combien je suis fort ! Voyez combien je « suis intelligent ! Vous obtenez telle satisfaction « que j'ai réclamée pour vous. Nul mieux que moi « ne saura jamais défendre vos intérêts. »

Et les électeurs enthousiasmés, derechef votent pour le délégué débrouillard à qui le gouvernement a fait la grande faveur d'homologuer son vœu.

C'est avec de pareilles broutilles que le Pouvoir Central amuse le peuple.

Ce régime de haute farce doit être modifié, et il peut l'être.

Il est possible de diminuer l'autorité du Pouvoir Central pour en concéder une partie à la population.

Il est possible, à l'heure actuelle, en raison de l'attitude du peuple indigène, de son loyalisme, de son développement intellectuel et moral, de lui octroyer une part dans la direction des affaires publiques.

Il est possible, à l'heure actuelle, en raison de l'augmentation de la colonie française, de l'importance de ses intérêts, de l'ancienneté de sa résidence, de son expérience des choses du pays, de l'appeler à collaborer également à cette direction des affaires publiques.

Cela est possible et cela est désirable. Car en Tunisie comme dans tous les pays, il est une loi qui domine les rapports du gouvernement et des administrations, c'est la loi de la décentralisation.

Ce qui cause la gêne, le malaise de ce pays, c'est qu'il est admininistré de Paris. Paris centralisateur, Paris congestionné, Paris apoplectique, ne pouvant donner satisfaction à toutes les demandes, ne pouvant résoudre toutes les questions, ne pouvant étudier tous les problèmes. Paris dépourvu de renseignements exacts, Paris jugeant de trop loin, trop lentement. Paris jouant de la Tunisie sur l'échiquier du monde comme d'un pion insensible et irresponsable, sacrifiant la Tunisie aux nécessités de sa politique internationale, comme chaque fois que l'occasion se présente d'obtenir de l'Italie des concessions sur un autre terrain.

La Tunisie en a assez de servir de monnaie d'échange au quai d'Orsay. C'est là un rôle inférieur que le gouvernement français ne songerait jamais à imposer à un département français. Les indigènes s'en indignent et les Français en sont humiliés.

En laissant plus de latitude à la population de la Régence pour faire ses affaires elle-même, le gouvernement français serait plus fort pour résister aux prétentions étrangères, et ne céderait pas aussi facilement des avantages qui ont le tort de porter le plus grave préjudice aux intérêts tunisiens, tant français qu'indigènes.

Ce serait là même un terrain excellent pour ouvrir à nouveau la question des hypothèques étrangères qui pèsent sur la Régence et d'en rechercher la purge définitive.

1° LE BUDGET

On sait que les dépenses budgétaires se divisent en deux parties :

a) Dépenses obligatoires non soumises au vote de la Conférence ;

b) Dépenses facultatives soumises à ce vote.

La première réforme budgétaire à envisager est la restriction des dépenses obligatoires.

Que la liste civile du Bey, que le traitement du Résident général et le train de sa maison soient mis hors de discussion, soit ! Mais les dépenses d'administration et le traitement des fonctionnaires doivent être soumis aux délibérations de la Conférence.

Il est inimaginable que les administrations puissent disposer de leur budget sans en rendre un compte intégral au public qui alimente ce budget(1).

1. Nous avons vu, dernièrement, un chef de service qui estimant trop faible le budget de son administration, ne craignit pas de faire procéder à des souscriptions publiques par des caïds à sa dévotion. Le scandale de cette imposition arbitraire n'a pas autrement ému le gouvernement. Il y a mieux encore.

Pendant trois années consécutives le directeur général des Finances a pu masquer dans le budget un déficit de 70 millions, sans que la Conférence y ait vu goutte. Il se contentait de porter commer entrées des recettes purement fictives. La troisième année, il a bien fallu tout de même se décider à boucher le trou et à saisir la Conférence de la question. La Conférence a voté les impositions nouvelles nécessaires

Il est inimaginable que ces mêmes administrations puissent sans aucune réserve grossir le chiffre de leurs budgets en créant des postes inutiles, d'autant plus rémunérés qu'ils sont plus inutiles.

Pourquoi cinq secrétaires généraux adjoints, alors qu'un seul suffisait naguère ?

Pourquoi des postes de consuls sans fonction délimitée, pourquoi des ingénieurs, des inspecteurs, des agents fortement appointés, pour qui la fonction a été créée sans que le besoin s'en fît sentir ?

La Conférence doit pouvoir faire des économies qu'un Pouvoir trop centralisé ne pense pas à réaliser, préoccupé qu'il est de faire plaisir à des créatures qui ont de puissants patronages et à qui la cuisine politique de la métropole assure des sinécures confortables aux frais de la Régence.

Pas de contrat, pas de convention, pas de concession, pas de renouvellement qui engage les finances publiques sans, non pas la consultation de la Conférence, consultation à laquelle il est toujours possible de passer outre, mais sans l'approbation de cette Conférence.

Il suffit de rappeler le scandale de la taxe d'exportation sur les huiles, la création d'une usine d'énergie électrique à Bizerte, la subvention à l'archevêché portée de 60 à 300.000 francs par an, parmi les plus récents scandales de l'omnipotence

pour combler le déficit. Mais entre temps le directeur des Finances avait pris sa retraite avec la cravate de la Légion d'honneur.

Qui nous garantira contre le retour de pareils scandales ?

gouvernementale, et parmi ceux qui marquent le mieux le mépris dans lequel l'administration tient la représentation du pays.

Pas de travaux publics inutiles, exécutés pour la seule jouissance de quelques particuliers, parents ou amis de parlementaires. Pas de cadeaux à d'anciens fonctionnaires dont le zèle a fait la fortune propre plutôt que celle du pays.

N'est-il point extravagant que ce soit le gouvernement qui fixe le principe et le quantum de l'indemnité à verser aux membres de la Conférence ! N'est-ce point le signe patent de la tutelle en laquelle ceux-ci se trouvent et la marque de leur état de servitude ?

2° Les décrets-lois

La Tunisie est sous le régime des décrets. Son Altesse le Bey prend sur toutes matières les décisions que lui inspirent les circonstances. Le Bey du moins signe. Mais il signe les textes préparés par les soins de l'administration française.

Or ces décrets intéressent, dirigent la vie générale du pays, que ce soit en matière d'agriculture, de commerce ou d'industrie, d'hygiène, etc.

Ils sont préparés, je le veux bien, au sein des commissions.

Mais ces commissions sont nommées par le Résident, leurs membres sont choisis par le Résident. Ils fonctionnent sur convocation du Résident. Et c'est le Résident qui fixe les formes de leur activité. Qu'il s'agisse de loyers, de procédure pénale indigène, de taxe à l'exportation, de lots de colonisation, de cadres sanitaires, qu'il s'agisse de politique générale ou d'intérêts plus modestes, les limites des travaux auxquels les Commissions sont conviées, sont tracées par le Résident qui indique également l'esprit dans lequel ces travaux doivent être conduits.

Ces textes ne devraient-ils pas être donnés pour approbation, amendement ou rejet à la représentation du pays ? Celle-ci ne serait-elle pas capable de s'entourer des renseignements techniques qui lui feraient défaut ? Ne pourrait-elle avoir recours aux experts ?

Mais un décret qui a force de loi dans ce pays devrait être discuté comme une loi, c'est-à-dire publiquement.

Avant de voir le jour, et encore à l'état de projet, il ferait l'objet de débats dans la presse. A la tribune une nouvelle discussion s'instaurerait. Le gouvernement s'éviterait ainsi l'inconvénient de prendre des mesures contradictoires ou inapplicables comme ce fut le cas pour nombre de décrets.

Et le Résident, au lieu de voir se lever contre sa personne l'unanimité des récriminations, verrait sa responsabilité mise à couvert par le vote de l'assemblée représentative. Diminution de responsabilité sans doute. Mais aussi augmentation de dignité pour le représentant de la République française dont l'autorité ne serait pas perpétuellement en jeu et battue en brèche, car c'est à elle seule que l'administré est obligé de s'en prendre de toutes les fautes de l'administration (1).

Et nous en arrivons ainsi à l'application nécessaire du seul principe vital des sociétés modernes, la décentralisation.

1. En 1919 le gouvernement de Protectorat prend une décision au sujet des droits de mutation sur les propriétés vendues à des étrangers.

Ce décret a pour but d'entraver le développement de la colonisation italienne et de favoriser le retour des terres aux indigènes et l'extension de la colonisation française.

Il dut être rapporté avant d'être appliqué, sur les représentations du Cabinet de Rome au Cabinet de Paris.

La question portée devant la Conférence, toutes les objections eussent été soulevées, et probablement l'impair du gouvernement eut été évité.

Plus récemment, dans l'intention louable de mettre un terme à la crise des logements et de favoriser la construction, un décret fixe uniformément à 50 o/o l'augmentation permise aux propriétaires sur leurs loyers à usage d'habitation. Décret peut-être hâtif, et qui sera sans doute revisé parce qu'il lèse les plus intéressants parmi les locataires, les plus petits d'entre eux dont la charge s'accroît démesurément et sans qu'il y ait proportion avec la charge supportée par un gros locataire.

Autre exemple. Il s'agit de créer un code tunisien d'instruction criminelle. Une commission est formée pour la rédaction du projet. Elle est composée de gens fort compétents : magistrats, hauts fonctionnaires de l'administration centrale. Mais il n'y a pas d'avocat. La presse proteste. Un avocat est désigné.

C'est le bâtonnier de l'ordre, avocat de renom et de valeur. Mais ce bâtonnier ne doit son élection au bâtonnat qu'aux seuls avocats français. Les avocats indigènes, et ils sont nombreux, ils sont la majorité, n'ont pas le droit de participer à l'élection du bâtonnier. Celui-ci ne représente donc que des avocats français. N'y avait-il pas intérêt à faire entrer dans la commission un avocat indigene, docteur en droit, il n'en manque pas, qui eut apporté ses connaissances juridiques et sa connaissance des mœurs locales ?

La Commission composée uniquement de fonctionnaires préparera donc un code de procédure pénale non selon les exigences strictes du Droit, mais en tenant compte des vues politiques du gouvernement.

La Conférence mixte ne pourrait-elle être appelée à connaître de pareilles questions ?

CHAPITRE VI

LA DÉCENTRALISATION

1° DE PARIS A TUNIS
LES POUVOIRS DU RÉSIDENT GÉNÉRAL

« La centralisation c'est l'apoplexie au centre et la paralysie aux extrémités. »

Ainsi s'exprime Lamennais qui formule une vérité expérimentale dont nous sommes à même de faire une nouvelle démonstration.

Le Résident général administre la Tunisie pour le compte du gouvernement français.

Toujours attaché au bout du câble qui le relie à la capitale il ne prend pas une décision sans se faire couvrir par l'autorisation du gouvernement de la métropole.

Et lorsque la métropole, sur des suggestions dont elle n'a pas toujours le moyen de reconnaître l'impartialité et la probité, ordonne une mesure, le Résident n'est plus qu'un agent d'exécution.

Le mal de la centralisation dont on se plaint en France, en province, se fait sentir avec une acuité plus grande en Tunisie.

En province et en Algérie, le ministère de l'Intérieur est le souverain maître des destinées des populations. Mais les populations ont pour se défendre des députés, des sénateurs qui font l'heureuse contre-partie de l'arbitraire gouvernemental. Ils ont la loi.

En Tunisie il n'y a pas de contre partie. Le gouvernement seul a le droit à la parole ; son bon plaisir est la loi suprême. Tant mieux lorsque ce bon plaisir est favorable aux vœux de la population. Tant pis lorsqu'il lui est contraire.

Or il est incontestable que les intérêts locaux ne peuvent intéresser outre mesure les bureaux ministériels de Paris. Il y a, par la force même de choses, entre le gouvernement local et ses administrés une situation de fait, créatrice de circonstances qui ne peuvent être réglées utilement que par une entente directe entre le pays lui-même et son administration.

La création d'un corps élu à compétence plus étendue que celle de la Conférence consultative aurait pour effet, dans une certaine mesure, de réduire l'autorité du Résident, mais d'autre part elle aurait pour effet d'augmenter son indépendance à l'égard du gouvernement métropolitain.

Cette responsabilité nouvelle qui pèserait sur ses épaules, de discuter les intérêts du pays non plus avec les bureaux anonymes du quai d'Orsay, mais avec la représentation élue du pays, exigerait de lui un esprit d'initiative, une largeur de vues, une intelligence audacieuse qui en ferait un véritable homme d'Etat, au lieu d'être le fonctionnaire complaisant de mesquineries et de prudences bureaucratiques.

Le gouvernement français semble avoir compris cette nécessité de la décentralisation pour notre voisine l'Algérie.

Cette province a à sa tête, un gouverneur général qui le plus souvent est un homme politique ayant une situation indépendante, que son passage dans divers ministères a qualifié par la direction d'un grand pays et que sa qualité même met à l'abri des intrigues de couloirs, de cabinets et de bureaux.

Rien ne permet de dire que notre résident actuel ne présente pas les qualités nécessaires pour accomplir ici l'œuvre de restauration, de rénovation et de progrès que nous réclamons tous.

Mais obligé de naviguer entre les désirs de la population et les volontés du quai d'Orsay, notre résident, quels que soient ses mérites, ne sera-t-il pas ballotté constamment entre le souci de faire plaisir et la crainte de déplaire ?

Ne cherchera-t-il pas fatalement les solutions transactionnelles, les cotes mal taillées, les à peu près qui passeront à côté du bien et de la vérité.

Moins tributaire de Paris, mieux attaché à la Tunisie. Telle paraît devoir être la formule nouvelle du gouvernement de la Régence.

C'est pour cela que la fonction du résident général doit être une fonction spéciale comme une mission de longue durée. Les missions de six mois attribuées à un résident général sont la perte de celui-ci et du pays qu'il administre.

La mission devrait être d'au moins cinq ans. Et

c'est pour cela que le choix du gouvernement français ne doit porter que sur un homme ayant déjà fait ses preuves. C'est ensuite au résident, à qui toute liberté d'action est assurée, de se débrouiller avec ses administrés.

Dans l'éventualité toujours à envisager d'une catastrophe, c'est-à-dire d'un résident qui deviendrait impossible, la mission pourrait lui être retirée par décret du Président de la République rendu en Conseil des ministres ou par la démission imposée.

2° DE TUNIS A L'INTÉRIEUR DE LA RÉGENCE
LES MUNICIPALITÉS ÉLUES

Cette préoccupation de décentralisation doit présider non seulement à l'établissement du gouvernement et de ses rapports avec Paris, mais aussi à l'établissement des rapports de ce gouvernement local avec ses administrés.

La congestion, l'apoplexie qui se fait sentir par la centralisation à outrance de tous les services de la Régence dans notre capitale doit faire place à un régime de liberté municipale qui seule peut assurer le développement normal et progressif de tout l'organisme.

Que sont nos communes à l'heure actuelle ?

Des circonscriptions purement administratives à la tête desquelles fonctionnent un conseil municipal nommé entièrement par le gouvernement.

Les conseillers municipaux et leurs président et vice-président délégué sont des fonctionnaires que le gouvernement choisit parmi les plus dignes, mais aussi parmi les plus fidèles.

Ils ont cette tare indélébile de représenter le gouvernement et non la commune.

Leur mandat leur est conféré par un décret, et un autre décret peut le leur enlever.

Quelle stabilité dans la fonction ?

Quelle garantie pour le contribuable ?

L'administré non représenté, sent qu'il n'a aucune force, aucune valeur, aucune dignité. Il lui suffit de payer. Et il paie sans pouvoir discuter l'utilité et la destination de son impôt. Il n'est qu'un jouet, une machine à payer entre les mains du gouvernement. A-t-il à se plaindre ? A-t-il seulement à demander ? C'est à Tunis qu'il lui faut s'adresser. Quelle qualité des conseillers nommés auraient-ils pour faire droit à sa réclamation, accueillir sa demande ?

Toutes les questions municipales, de l'ordre le plus simple, sont adressées au Secrétariat général du gouvernement tunisien qui statue en dernier lieu.

Or il y a dans toute agglomération assez importante pour constituer une commune, des questions locales à résoudre qui ne regardent pas le Pouvoir Central et qui l'occupent induement, lui prennent son temps et sa peine, et risquent d'être mal résolues.

Chaque commune est une collectivité qui a ses droits à elle, comme une personne civile, des droits et des devoirs qui prennent leur origine dans sa propre constitution. Ces droits naturels ne peuvent pas être plus niés que l'existence même de cette collectivité. Ces droits nous les retrouvons dans la loi française du 14 décembre 1789 votée par l'Assemblée Constituante :

a) Administration des biens et revenus communs ;

b) Vote des dépenses et des impositions locales ;

c) Voirie communale et travaux publics à la charge de la communauté ;

d) Police municipale.

Ces droits doivent s'exercer, bien entendu, dans le cadre général de la loi fait pour tout le pays.

Mais la commune, dans ce cadre général, doit avoir ses coudées franches et toute liberté d'attitude.

Nos fonctionnaires coloniaux qui sont les derniers représentants de l'impérialisme français, ont la manie de penser qu'ils sont les seuls à pouvoir s'occuper utilement de tous les intérêts du pays.

Et ce sont les lenteurs administratives, les difficultés de transmission, les paperasseries accumulées, les démarches obligées à la capitale. Tout cela avec le risque de voir intervenir la solution indésirable. Tout cela avec la certitude de froisser l'administré qui ne prend aucune part à la direction de ses petites affaires locales.

Tout cela avec l'inconvénient grave de laisser le contribuable en dehors de la délibération qui fixe son impôt, en dehors de la décision qui fixe une destination à son argent.

Comme la France exerce une tutelle étroite sur la Tunisie tout entière, le gouvernement tunisien

exerce une protection encore plus serrée sur tout le
territoire de la Tunisie. L'individu n'est rien, l'Etat
est tout.

Or nous savons ce que valent, ce que deviennent
les pays à pouvoir centralisé de la sorte.

Nous savons qu'ils sont les derniers du monde,
car cette organisation dont se désintéresse le pays
est la négation de l'initiative individuelle source
de progrès.

Nous savons au contraire que les pays dont l'ex-
pansion nous surprend sont toujours ceux qui à la
base de leurs institutions reconnaissent largement
les libertés municipales.

Une commune active, élisant son Conseil municipal et son maire, quel foyer d'activité, d'ardeur
sociale ; la liberté communale ! Quelle prime à l'effort, au courage, au travail, à la continuité dans la
poursuite et la recherche du mieux. Quelle cellule
vivante et forte dans l'organisme entier !

Au lieu de fonctionnaires soucieux de plaire au
gouvernement ou aux chefs de bureau qui le repré-
sentent, les conseillers élus sont liés par tous leurs
intérêts personnels à l'intérêt de la collectivité.

Ils doivent se consacrer au bien commun ou disparaître.

Leur inertie, leur imprudence, leur faute, c'est
leur condamnation. L'électeur les surveille, les
contrôle, les dirige.

Dira-t-on que la Tunisie n'est pas mûre pour l'obtention de ses libertés communales ?

C'est le moment de rappeler le mot de Laboulaye

« La commune est l'école primaire de la liberté ».

Initiative et responsabilité, tels sont les fruits de la liberté en même temps que ses conditions.

Apprenons à manier l'impôt municipal. Ne sera-ce pas le meilleur moyen de former les hommes capables d'administrer le budget général du pays ?

Nous ferons nous aussi des fautes, nous commettrons des imprudences ou des erreurs. Mais nous aurons la satisfaction d'agir pour notre compte ; nous saurons à qui nous en prendre ; nous apporterons nous-mêmes le remède. Nous aurons l'insigne satisfaction d'avoir agi en hommes, virilement, librement. Et nos erreurs et nos fautes nous paraîtront toujours moins lourdes et moins funestes que celles d'une administration irresponsable, tutrice, jalouse et trop souvent aveugle dont les lisières nous pèsent, nous gênent, nous tracassent, nous sont inutiles et nuisibles.

Cette organisation municipale réduit-elle à néant le contrôle gouvernemental ?

En aucune manière.

Le gouvernement est là, avec ses impôts, son budget, avec ses règlements et ses lois, pour aider les faibles, conseiller les timorés, retenir la fougue des jeunes et des audacieux. Réglementation facile qu'il suffit de copier sur l'organisation des municipalités dans n'importe quel pays de liberté.

Ne suffit-il pas au gouvernement central d'avoir entre les mains les grands services de pays : finances, armée, marine, justice, enseignement, grands travaux publics, police générale ?

Ne voit-on pas l'économie d'une organisation qui permettrait la diminution progressive du nombre des fonctionnaires et rendrait au budget du pays une élasticité dont il paraît privé.

Sous l'impulsion du Pouvoir central, le sang, la vie affluent aux extrémités du corps social. Jusqu'aux limites du Sahara, la vie communale grouillante s'organise; chaque cellule poursuit un rendement maximum de ses possibilités. Tous les individus s'intéressent au développement du corps social dont ils se reconnaissent partie intégrante. Ils reçoivent l'impulsion d'en haut et la renvoie au cœur, au cerveau Un juste équilibre s'établit entre toutes les activités et c'est le pays tout entier qui en retire le bénéfice mérité.

CHAPITRE VII

LA CONFÉRENCE CONSULTATIVE ET LE CONSEIL GÉNÉRAL

Les attributions de la Conférence consultative ne sont pas sans avoir une certaine analogie avec celles d'un Conseil général (1).

Le Conseil général est chargé de répartir entre les différents arrondissements du département et conformément aux règles établies par les lois, les contributions directes dites de répartition : impôt foncier sur la propriété non bâtie et contribution personnelle mobilière.

Le Conseil général prononce définitivement sur les demandes en réduction de contingent formées par les communes et préalablement soumises au Conseil d'arrondissement.

Le projet de budget du département est préparé et présenté par le préfet qui est tenu de le commu-

---

1. Les renseignements donnés ici sur les attributions du Conseil général sont tirés du *Guide-manuel du conseiller général*, par Eugène Pierre, secrétaire général de la Présidence de la Chambre des députés.

niquer à la commission départementale, avec les pièces à l'appui.

Le budget présenté par chapitres et par articles est délibéré par le Conseil général. La minute signée par les membres du Conseil est transmise par le préfet au ministre de l'Intérieur. Le budget est définitivement réglé par décret.

La compétence du Conseil général est strictement budgétaire. Les vœux politiques sont interdits. Ceux qui se produisent sont considérés comme non avenus (excepté quand ils font plaisir au gouvernement).

Le budget départemental comprend des dépenses obligatoires qui sont inscrites d'office si le Conseil général refuse ou omet de les prévoir intégralement.

En ce qui concerne les dépenses facultatives le droit du Conseil général n'a de limites que le montant des recettes. Les changements qui peuvent être apportés au budget dans le cours d'un exercice doivent être votés par le Conseil et sanctionnés par décret.

Nous retrouvons là les grandes lignes du fonctionnement de notre Conférence.

Notons quelques différences :

Et tout d'abord le Conseil général est présidé par l'un de ses membres élu par ses pairs. Le préfet a toujours le droit d'assister aux séances, il y donne son avis, sauf lorsque ses comptes personnels sont en discussion.

Notre Conférence est toujours présidée par le Résident général ce qui indique une position très marquée de tutelle, le Résident ayant tout pouvoir pour arrêter, couper, faire dévier une discussion. Il y a des différences plus profondes.

Le projet de budget est préparé par les chefs de service sous le couvert du Résident général.

Mais comme rien ne remplace chez nous la Commission départementale, ce projet n'est communiqué à personne avant sa distribution aux membres de la Conférence.

Il arrive fréquemment qu'il soit distribué la veille ou le jour d'ouverture de la Conférence, ce qui rend l'examen impossible. Il ne peut y avoir de discussion sérieuse dans de pareilles conditions de rapidité.

La Commission des Finances est obligée de fournir un labeur considérable pour être prête à temps aux discussions en assemblée plénière. Et lorsque cette discussion se produit, les seuls membres de cette Commission sont à peu près capables de parler sur les questions budgétaires.

Alors que les virements de crédits, l'emploi des recettes éventuelles non prévues dans le budget primitif et l'emploi des ressources disponibles provenant de l'exercice courant doivent être délibérés par le Conseil général et sanctionnés par décret, il n'y a pas d'exemple que la Conférence consultative ait été appelée à donner son avis sur des opérations de ce genre. On la met plus tard en présence du fait accompli. Il n'y a plus qu'à enregistrer, ce qu'elle ne manque pas de faire, parfois avec de sévères réserves dont il n'est jamais tenu compte.

Le Conseil général a le droit de voter un emprunt départemental dans certaines conditions déterminées. Ce n'est que lorsque ces conditions de prudence ne sont pas remplies qu'un décret rendu en Conseil d'Etat est nécessaire (1).

L'emprunt voté par la Conférence consultative doit recevoir l'autorisation du Parlement français.

Les dépenses obligatoires sont inscrites d'office au budget départemental. Mais cette inscription une fois faite, aucune autre dépense ne peut être inscrite d'office dans le budget et les allocations qui y sont portées par le Conseil général, ne peuvent être ni changées ni modifiées par le décret qui règle le budget.

Les dépenses obligatoires imposées au vote de la Conférence consultative peuvent varier selon le temps et les circonstances. Le Résident a le droit de majorer les allocations portées aux différents chapitres de cette partie du budget, sans que la Conférence ait celui de protester (2).

Le droit de virement, dans le cas de crédits insuffisants pour l'une des dépenses obligatoires est réservé, en ce qui concerne le Conseil général, exclusivement au Président de la République et non au préfet (3).

En Tunisie c'est le Résident général qui décide les virements nécessaires.

1. Loi du 10 août 1871, article 41 modifié par la loi du 12 juillet 1898, et par l'article 1ᵉʳ de la loi du 30 juin 1907.
2. Le relèvement de la liste civile de S. A. le Bey, l'augmentation de 400 o/o dont a été récemment l'objet la subvention à l'archevêché, sont autant de dépenses obligatoires que la Conférence n'a même pas eu à enregistrer.
3. Circulaire du Ministère de l'Intérieur du 25 mars 1872.

Le Conseil général entend et débat' hors la présence du préfet, les comptes d'administration qui lui sont présentés par le préfet concernant les recettes et les dépenses du budget départemental. Les observations du Conseil général sur les comptes présentés à son examen sont adressées directement par son président au ministre de l'Intérieur.

Le Résident général préside toutes les séances de la Conférence consultative et ses comptes d'administration ont un caractère obligatoire qui interdit toute discussion à leur sujet.

Le Conseil général statue définitivement sur l'acquisition, l'aliénation et l'échange des propriétés départementales mobilières ou immobilières.

La Conférence consultative n'a pas à traiter de semblables questions.

Le Conseil général statue définitivement sur le mode de gestion des propriétés départementales, sur les baux des biens donnés ou pris à ferme ou à loyer, qu'elle qu'en soit la durée. Il statue définitivement sur le changement de destination des propriétés et des édifices départementaux. Il statue définitivement même sur les assurances des bâtiments départementaux.

Il statue définitivement sur l'acceptation ou le refus des dons et legs faits au département.

Il statue définitivement sur les actions à intenter ou à soutenir au nom du département, sauf les cas d'urgence dans lesquels la Commission départementale peut statuer.

Le Conseil général statue définitivement sur les

transactions concernant les droits du département.

Il statue définitivement sur le mode d'exécution des travaux à la charge du département, sur les projets, plans et devis de tous travaux à exécuter sur les fonds départementaux, sur la désignation des services auxquels ces travaux doivent être confiés, sur les offres faites par l'Etat, les communes, les associations et les particuliers pour concourir à des dépenses quelconques d'utilité départementale, sur les concessions à des associations, à des compagnies ou à des particuliers de travaux d'intérêt départemental. Il peut racheter à l'amiable, sans l'autorisation du chef de l'Etat, la concession de travaux d'intérêt départemental.

Le Conseil général statue définitivement sur le classement, le déclassement et la direction des routes départementales, sur les projets, plans et devis des travaux à exécuter pour la construction, la rectification ou l'entretien des dites routes.

Le Conseil général statue définitivement sur la désignation des services qui sont chargés de la construction et de l'entretien des routes départementales. Par conséquent, cette construction et cet entretien ne sont pas exclusivement réservés aux ingénieurs des Ponts et Chaussées.

Le Conseil général opère la reconnaissance, détermine la largeur et prescrit l'ouverture et le redressement des chemins vicinaux, de grande communication et d'intérêt commun.

Il statue sur la désignation des services auxquels

doit être confiée l'exécution des travaux sur ces chemins.

Le Conseil général statue définitivement sur les créations d'institutions départementales d'assistance publique et sur le service de l'assistance publique dans les établissements départementaux.

Il statue définitivement sur les recettes de toute nature et dépenses des établissements d'aliénés appartenant au département, sur le service des enfants assistés

Le Conseil général statue définitivement sur les changements à la circonscription des communes d'un même canton et à la désignation de leur chefs-lieux, s'il y a accord entre les Conseils municipaux. Il donne son avis s'il n'y a pas eu accord.

Le Conseil général détermine les conditions auxquelles seront tenus de satisfaire les candidats aux fonctions rétribuées exclusivement sur les fonds départementaux et les règles de concours d'après lesquels les nominations doivent être faites.

Le Conseil général statue définitivement sur l'établissement et l'organisation des caisses de retraite ou de tout autre mode de rémunération en faveur des employés et agents salariés sur les fonds départementaux.

Le Conseil général est compétent pour opérer le sectionnement électoral des communes, chacune des sections devant élire un nombre de conseillers municipaux proportionné au chiffre des électeurs inscrits.

Cette longue énumération des pouvoirs du Conseil général suffit à faire comprendre l'abîme qui

sépare ce corps constitué de notre misérable représentation élue.

Elle laissera rêveurs les délégués à la Conférence
consultative *qui ne statuent définitivement sur rien,*
et dont les avis ne sont pris en considération que
s'ils s'accordent avec celui du gouvernement

Leur rôle ne rappelle-t-il pas plutôt celui des conseillers d'arrondissement qui se bornent à émettre
des avis destinés à éclairer le Conseil général, ou a
faire exécuter les décisions de l'Assemblée départementale ?

Et cependant, la Tunisie n'est-elle pas autre chose,
n'est-elle pas plus qu'un département ?

Elle est assurément autre chose.

Elle a une vie propre qui n'a rien de commun avec
celle d'un département français.

Elle comprend une population tunisienne, un
peuple tunisien, une dynastie tunisienne, des colonies étrangères.

Ses intérêts sont plus variés, plus complexes, plus
importants que ceux d'un département.

Ses habitants sont plus nombreux. Son budget est
plus considérable.

Les intérêts économiques qu'elle représente dé-
passent de beaucoup ceux d'un simple département.
Elle a une vie d'Etat, une vie nationale.

Cela ne suffit-il pas pour mettre à la direction de
ses affaires publiques, une représentation plus considérable, ayant une capacité plus grande que celle
d'un département ?

Que l'on rencontre dans la protection que l'Etat

étend sur le département une certaine analogie avec celle que la France impose à la Régence, c'est possible.

Que l'état de minorité du département soit comparable à celui de la Tunisie, il y a du vrai.

Mais cette tutelle se comprend en France pour le département.

Le législateur n'a pas voulu morceler la souveraineté nationale. En traçant des limites étroites à l'activité des conseils généraux il a voulu laisser entière l'autorité du Parlement.

L'unité de la France dépendait de cette tutelle.

Mais la situation n'est pas identique à celle qui existe entre la France et la Tunisie.

Nous voulons bien que la Tunisie soit un prolongement de la France, mais en tenant compte des intérêts et des besoins de sa population.

Les habitants d'un département français sont français; ils jouissent des droits civiques, ils jouissent des libertés de tous les Français. Il n'en est pas de même des Tunisiens, qui n'ont pour alléger leur tutelle et la leur faire supporter allègrement aucun des avantages que confère à ceux qui la possèdent, la qualité de citoyen français.

CHAPITRE VIII

LA CONFÉRENCE CONSULTATIVE
ET
LES DÉLÉGATIONS FINANCIÈRES ALGÉRIENNES

Les revendications tunisiennes concernant l'élargissement des attributions de la Conférence consultative peuvent se heurter à une objection tirée de l'existence, de la composition et des attributions des délégations financières algériennes.

On sait que cette assemblée algérienne n'est pas sans présenter quelque analogie avec notre corps consultatif.

Sa compétence est strictement budgétaire. Comme la Conférence de Tunisie, les délégations se bornent à émettre des avis.

Le décret du 23 août 1898 qui institue cette assemblée stipule qu'elle a pour but « d'apporter au gou-
« vernement général de l'Algérie le concours d'opi-
« nions libres, d'avis éclairés et de vœux réfléchis
« émis par des représentants directs des contribua-

« bles algériens sur toutes les questions d'impôts et
« de taxes assimilées ».

Le même décret fixe sa composition en trois délégations : colons, non colons, indigènes musulmans
divisés eux-mêmes en deux sections, l'une arabe,
l'autre kabyle.

Chaque section délibère séparément sauf autori
sation par arrêté spécial du gouverneur général
qui en décidant de réunir toutes les sections fixe en
même temps les questions à discuter en commun.

Les délibérations prises par les Délégations sur
des objets non compris dans leurs attributions sont
nulles de plein droit. Et toute délibération prise par
les Délégations en dehors de leur session légale est
également nulle.

Ce sont là, à peu de chose près, les textes qui
régissent la matière tunisienne.

Comme notre Conférence consultative voit tous
ses avis passer au crible de la discussion et du vote
devant le Conseil supérieur de gouvernement, les
avis des Délégations financières sont soumis à l'examen d'un Conseil supérieur algérien.

Mais alors que le Conseil supérieur (1) tunisien
tranche souverainement dans les vœux de la Conférence, ajoute, supprime à sa fantaisie, le Conseil
supérieur algérien n'a que le droit de rejeter ou
d'adopter la décision prise par les Délégations.

Pour repousser la réforme de la Conférence consultative, en Tunisie, il est trop commode de citer

1. Décret beylical du 27 avril 1910.

l'exemple de l'Algérie, qui placée depuis bien plus longtemps que la Régence sous l'influence française dispose cependant d'une représentation aussi archaïque que la sienne.

La réponse est facile.

Ce n'est pas une raison parce que l'Algérie se contente de ses Délégations financières aux attributions budgétaires si restreintes pour que nous nous déclarions satisfaits de notre Conférence consultative.

Nous pouvons avoir, nous avons en fait, des besoins différents de ceux de notre voisine. Il ne nous est pas interdit de chercher à faire mieux qu'elle.

Ensuite, il n'est pas du tout démontré que l'Algérie soit satisfaite de ses Délégations financières.

Comme pour la Conférence consultative les dernières élections aux Délégations financières ont fait aborder par tous les candidats la question de la réorganisation de cette assemblée.

Quelques candidats déclarèrent qu'il convenait de faire la grève des électeurs jusqu'au jour où le gouvernement se déciderait enfin à augmenter leur compétence.

Au cours des dernières séances des Délégations, un vœu a été émis, après une très ardente discussion. Le voici : « L'assemblée plénière des déléga-
« tions financières.

« Considérant que les Algériens sont français au
« même titre que les autres.

« Considérant qu'ils ont largement payé de leur
« sang et de leurs richesses la victoire de la France.

« Considérant qu'ils ont droit à un examen atten-
« tif de leurs justes revendications.

« Décide une fois de plus d'attirer l'attention du
« gouvernement de la République sur les réformes
« demandées pour les modifications du statut algé-
« rien. »

Ce vœu a été repris par le Conseil supérieur
d'Alger (1), à qui cependant les vœux politiques sont
également interdits, et adopté par lui.

Que demandent les Algériens ?

« Ce que nous voulons, a dit l'un des délégués,
« M. Negroni, en séance plénière, c'est une autonomie
« plus grande pour l'Algérie, ce sont des libertés
« financières, des libertés économiques qui feront
« que dans une assemblée comme celle-ci, nous ne
« jouerons pas un rôle, il faut le dire hautement, un
« rôle purement de comédie. Car, enfin, que faisons-
« nous dans des assemblées comme celle-ci ; sinon
« enregistrer les décisions qu'on nous inspire. »

Et voilà !

C'est exactement ce que nous demandons pour
les représentants de la Tunisie.

Mais combien nous sommes plus mal partagés
que l'Algérie !

Car, alors que notre Conférence consultative est
notre seul organe de représentation, les Délégations
financières ne sont qu'une faible partie de cette
même représentation en Algérie.

Les Algériens ont députés, sénateurs, conseils

1. Séance du 30 décembre 1920.

généraux, conseils d'arrondissement, conseils municipaux.

La vie politique est intense, et ce que le contribuable ne peut obtenir par la voie des Délégations, il le réclame à la Chambre, au Sénat, dans ses préfectures, dans ses mairies. Le parlement l'écoute, le gouvernement de la métropole l'entend, et finalement, contre toutes les fantaisies de l'administration et de la bureaucratie, l'Algérien a le choix entre de nombreux et puissants défenseurs.

Où sont nos avocats ? Où sont nos élus ? Où sont nos représentants ?

Parente pauvre parce que protégée, la Tunisie ne connaît de la France que la volonté du Quai d'Orsay soumise elle même à toutes les influences occultes que peuvent exercer sur des diplomates les grandes compagnies industrielles ou financières.

Voilà pourquoi, alors même que l'Algérie se contenterait de son système actuel de Délégations, et nous savons qu'elle ne s'en contente pas, nous aurions le droit de ne pas nous déclarer, nous, satisfaits d'un régime similaire dont aucune autre institution, aucun autre organe ne vient contrebalancer la détestable incapacité.

Voilà pourquoi d'excellents esprits ont pensé qu'en présence de la résistance opposée par le gouvernement, que ce soit celui de la Tunisie ou que ce soit celui de la France, à nos demandes de réforme, il convenait de « saboter » la Conférence consultative par une abstention systématique de ses membres élus. Grève des électeurs, grève des

candidats. Le gouvernement ne sera pas gêné de
préparer son budget et de le voter lui-même. Nous
vivrons quand même. Mais nous aurons au moins
cette satisfaction de ne pas couvrir du semblant de
notre responsabilité, la responsabilité réelle de l'administration, et de ne pas nous couvrir nous-mêmes
du ridicule qui s'attache aux hommes que le Pou·
voir amuse avec une comédie de représentation
démocratique.

Nous avons cet avantage sur les conseillers généraux que le décret organique de la Conférence consultative ne prévoit pas de sanction pour les délégués en état de grève qui refusent de remplir leurs
fonctions.

Mais ce sage avis, le seul qui contraindrait le
gouvernement à agir, le seul qui émouvrait le parlement français et le déciderait à s'occuper d'un peu
près des questions tunisiennes, ne prévaut pas
auprès de la majorité des membres de la Conférence.

Il y en a trop de ces membres qui pareils aux
délégués indigènes choisis, nommés par le gouvernement sont disposés à dire oui-oui, à toutes les propositions de l'administration. Il y en a trop qui
s'entendent trop bien avec le gouvernement, et qui
préfèrent dissimuler sous les apparences du loyalisme et du patriotisme les raisons profondes qu'ils
ont de ne pas mécontenter la Résidence générale.

Il y en a trop qui ont intérêt au compartimentage
de la Conférence pour que nous obtenions tout de

suite et sans bataille le suffrage universel et le collège unique d'électeurs.

Il y en a trop qui ont intérêt à laisser le gouvernement faire lui-même les affaires du pays parce qu'il ferme les yeux sur leurs propres affaires.

« Les affaires priment le droit ». Et voilà pourquoi une oligarchie financière qui tient les bureaux de Paris et les bureaux de Tunis, refuse de laisser entendre la voix de deux millions d'indigènes et de quarante mille Français.

La population de la Régence n'a nulle part aucune représentation sincère.

Faut-il croire que la France se passionne beaucoup plus pour les questions d'Irlande ou de Haute-Silésie que pour la question tunisienne, à moins qu'elle n'épuise sa capacité d'attention sur les matchs de Carpentier et les fantaisies culinaires de Landru ?

CHAPITRE IX

LE CONSEIL SUPÉRIEUR DE GOUVERNEMENT

Toute réforme de la Conférence consultative resterait vaine si elle n'était accompagnée de la suppression totale du Conseil supérieur de gouvernement.

Institué par décret du 27 avril 1910, cet organisme à pour rôle de revoir toutes les décisions de la Conférence, de les homologuer, de les amender ou de les rejeter.

Alors que le Conseil supérieur de l'Algérie ne peut qu'accepter ou rejeter en bloc les vœux émis par les Délégations financières, notre Conseil supérieur tunisien a les pouvoirs d'une véritable Chambre haute dont seuls les avis sont présentés par le Résident général à l'approbation du ministre des Affaires étrangères.

Or la composition de ce Conseil est la négation de toute représentation démocratique.

Il y entre avec le Résident général, le général

commandant la division d'occupation et l'amiral préfet maritime de Bizerte, les ministres du gouvernement tunisien et tous les chefs de service des différentes administrations de la Régence.

Cela fait un total de onze voix de fonctionnaires.

La Conférence délègue au Conseil six de ses membres, trois pour la section française, trois pour la section indigène.

Comme les trois indigènes sont en définitive les représentants des seize délégués nommés à la Conférence par le Résident général, leurs voix viennent nécessairement s'ajouter aux onze voix des fonctionnaires.

La population de la Régence n'est donc représentée que par les trois délégués français, qui sont nécessairement et constamment en minorité.

La suppression du Conseil supérieur s'impose si l'on veut sauvegarder les intérêts des électeurs.

Par quoi remplacer cet organisme ?

Pour rester dans le plan de la réforme que nous envisageons, il conviendrait de créer un corps nouveau issu de la nouvelle conférence, qui fonctionnerait au nom de celle-ci et auprès du Résident général, d'une façon permanente, à peu près comme le peut faire auprès du préfet, la commission départementale du Conseil général.

Cette commission supérieure, élue par les membres de la nouvelle conférence, contrôlerait l'exécution des décisions prises par cette assemblée et stimulerait l'administration chargée de cette exécution,

Par des réunions fréquentes, mensuelles ou bi-mensuelles elle veillerait à ce que le gouvernement n'outrepassât pas ses droits en empiétant sur ceux des représentants du pays.

Elle serait le conseil obligatoirement consulté avant toute promulgation de décret.

Elle rendrait des comptes annuels de son action à l'assemblée dont elle serait issue.

Elle constituerait ainsi la sauvegarde de l'intérêt général, ayant la mission bien déterminée de voir, d'entendre et de parler au nom du pays.

Composée en nombre égal de français et d'indigènes, elle éviterait les à-coups d'une administration par trop irresponsable en intervenant obligatoirement dans la plupart des actes du gouvernement.

En cas de conflit entre le Résident et la Commission supérieure, le débat serait porté, pour les questions administratives, devant le Conseil d'Etat, pour les questions politiques, devant le Conseil des ministres de France.

CHAPITRE X

LES REVENDICATIONS TUNISIENNES
ET LES TRAITÉS

Lorsque les Tunisiens ont présenté leur cahier de revendications, ils ont reçu la promesse que la plupart de celles-ci seraient étudiées avec le plus grand soin, et le plus vif désir de leur accorder satisfaction.

En ce qui concerne la réforme de la Conférence consultative et son remplacement par une assemblée délibérative, le Résident général n'a pas manqué de faire valoir dans sa réponse qu'il ne pouvait violer les traités et que par conséquent cette revendication politique ne pouvait avoir de suite.

La thèse officielle, c'est que le traité du 12 mai 1881, passé entre S. A. le Bey et le gouvernement de la République française, confère à celui-ci l'administration de la Régence.

Le gouvernement français administre la Régence par l'entremise du Résident général. Cette administration ne peut être confiée à un corps élu qui modifierait la responsabilité du gouvernement français et constituerait une dérogation aux clauses du traité de Bardo.

Cette thèse officielle ne résiste pas à l'examen.

D'abord elle dénature la demande des Tunisiens.

Il ne s'agit pas de créer un parlement qui supplante l'autorité du gouvernement français.

Il a toujours été entendu que la conférence réformée ne saurait toucher aux questions intéressant le régime du Protectorat et les prérogatives de la souveraineté conférée à la France par S. A. le Bey.

Les Tunisiens se contentent de réclamer l'examen et le vote de toutes les questions en dehors de celles qui touchent au principe de la souveraineté.

Ensuite, la thèse officielle ne tient pas un compte suffisant de l'esprit ni de la lettre des traités.

Que dit la Convention du 8 juin 1883 qui complète le traité du Bardo ?

Elle dit en son article premier : « Afin de faciliter « au gouvernement français l'accomplissement de « son protectorat, S. A. le Bey de Tunis s'engage à « procéder aux réformes administratives, judiciaires « et financières que le gouvernement français jugera « utiles ».

Il suffit de présenter à la signature du Bey tel décret qu'il plaira au gouvernement français, en faisant jouer la Convention de 1883, pour que S. A. le Bey sans hésitation ni murmure décide toutes réformes administratives, judiciaires et financières jugées utiles par ce même gouvernement.

La réforme de la Conférence consultative a-t-elle un caractère qui ne rentre pas dans le cadre des réformes permises par la Convention ?

Est-elle une réforme politique ?

En vérité, c'est alors jouer sur les mots.

Il suffit d'étendre les attributions financières de la Conférence, et de déclarer qu'en matière budgétaire elle statuera définitivement, comme un Conseil général de département français, et non plus pour simple avis, comme consultation.

Il suffit de supprimer le Conseil supérieur de gouvernement dont l'action annihile celle de la Conférence, et de le remplacer par une sorte de Commission permanente chargée de contrôler l'exécution des volontés exprimées par les élus. Il suffit de supprimer la nécessité de l'homologation des décisions de la Conférence par un quelconque bureau de ministère.

Il suffit d'attribuer aux deux grands corps français le Conseil d'Etat et la Cour des comptes le soin de veiller, chacun en ce qui le concerne, à la stricte application des lois et à la rectitude de la comptabilité budgétaire.

N'est-ce pas là le contrôle le plus sûr que nous puissions rencontrer, celui qui donne le plus de garantie à toutes les parties en cause, au contribuable, à l'électeur, à l'élu, au gouvernement du Protectorat, au gouvernement de la Métropole ?

Cette réforme qui se déroulerait dans le cadre du Traité de 1881, aurait-elle pour effet de modifier les rapports de la Tunisie avec les autres puissances européennes ?

En aucune manière. Réforme tout intérieure, ne touchant qu'aux objets dont la France est chargée par S. A. le Bey, avec l'entière approbation des puissances étrangères.

Et si la Conférence réformée pouvait un jour, volontairement ou par erreur s'immiscer dans le domaine international, n'y aurait-il pas moyen de recourir comme d'abus contre ces immixtions et de faire annuler toute décision prise par elle contrairement au statut qui la régirait ?

Il suffirait d'un décret rendu en Conseil d'Etat.

Cette organisation aurait l'avantage d'ouvrir un champ plus large à l'initiative tunisienne tout en rattachant plus étroitement les institutions de la Régence aux grands organismes qui font la force et la sécurité de la République française en assurant aux particuliers le maximum de garanties sociales et individuelles.

CHAPITRE IX

UNE CONSULTATION JURIDIQUE
LA CONSTITUTION ET LE RÉGIME
DE PROTECTORAT

Aux Tunisiens qui réclament un gouvernement responsable devant une assemblée élue, le gouvernement du Protectorat répond : « Je ne peux pas. »

C'est-à-dire que le gouvernement de Protectorat ne veut pas. Il a peur de se suicider. Et il se retranche derrière les traités et en particulier derrière le traité de Bardo pour légitimer son *non possumus*.

L'objection juridique tirée de la lettre et de l'esprit des traités par notre gouvernement subtil n'a pas épouvanté les indigènes.

Ceux-ci se sont adressés aux plus hautes compétences de la métropole et sous forme de consultation ont envoyé dans l'objection du gouvernement une riposte élégante et décisive à la fois.

Il vaut la peine de mettre ce document sous les yeux du lecteur :

CONSULTATION

Le Conseil soussigné, JOSEPH-BARTHÉLEMY, professeur à la Faculté de Droit de Paris, député, consulté sur divers points relatifs au régime constitutionnel interne de la Tunisie a émis l'avis ci-dessous :

Le soussigné précise qu'il s'est placé exclusivement au point de vue des principes juridiques.

PREMIÈRE QUESTION

Le peuple tunisien peut-il s'adresser par voie de pétition à son souverain?

L'affirmative n'est pas douteuse.

Le peuple tunisien a le droit de former des pétitions ; le bey est compétent pour les recevoir.

Le droit de pétition est un droit naturel de tout individu ; le droit public européen le reconnaît à tout être raisonnable, aux non-citoyens, aux étrangers.

Le droit public musulman en fait une prérogative essentielle du croyant.

Enfin, il est confirmé dans le droit positif tunisien par l'article 87 de la Constitution de 1861.

En second lieu, le souverain de Tunis a incontestablement qualité pour recevoir les pétitions. L'établissement du protectorat lui laisse en effet, avec le concours et sous le contrôle de l'Etat protecteur, la jouissance du droit de souveraineté intérieure.

***

En fait, d'ailleurs, le droit de pétition s'est exercé activement et passivement au mois de juin 1920, sans soulever de protestations.

* * *

DEUXIÈME QUESTION

La constitution écrite de 1861
a-t-elle encore une existence juridique ?

Cette constitution n'est pas, comme on l'a prétendu quelquefois, une constitution contractuelle. Le pacte n'existe que lorsque l'accession d'une dynastie au trône est soumise à l'acceptation préalable d'une constitution. C'est ce qui s'est produit par exemple en France, à l'occasion de l'avènement de la dynastie d'Orléans.

Nous nous trouvons ici en présence d'une constitution *octroyée*.

Le résultat est, d'ailleurs, au point de vue qui nous occupe, sensiblement le même.

En octroyant la constitution, le souverain jusque-là absolu, reconnaît, à côté de sa propre souveraineté, la souveraineté du peuple ; c'est une reconnaissance qui ne peut, dans la suite, être niée.

Le souverain abdique une partie de sa souveraineté ; cette abdication ne peut plus être retirée. Il soumet l'exercice de son pouvoir à des formalités irrévocables.

Le souverain ne statue pas seulement pour lui-même, mais pour ses successeurs. « Tant pour nous que pour nos successeurs et à toujours » disait la charte de 1814.

La publication de ces engagements, l'acceptation tacite du peuple intéressé donnent à la charte octroyée la solidité du contrat.

Le droit public français, de 1814 à 1848, a toujours considéré qu'il y avait dans la charte une partie absolument *immuable*. Le principe de l'*immutabilité* de la charte, parfaitement dégagé par la doctrine française s'appliquait à tous les principes essentiels de cette charte, liberté politique, régie représentative, etc...

On admettait la possibilité de modifier certains détails d'application ; mais on a toujours contesté que cette modification pût résulter de la volonté unilatérale du monarque ; elle ne pouvait être opérée que par l'accord du monarque et de la représentation nationale, dans la forme de la loi.

L'octroi de la charte a donc un effet perpétuel.

** * **

La seule question qui se pose est de savoir, si, en fait, il s'est produit des événements qui ont entraîné l'abrogation de cette charte.

Pourrait-on d'abord invoquer des faits d'ordre interne, de nature à amener cette conséquence ? Il n'y paraît aucunement.

Sans doute, cette constitution n'a pas toujours été très fidèlement observée. Mais une constitution n'est pas abrogée parce qu'elle est violée. Elle conserve, en dépit des outrages, son intégrité juridique.

***

Une question en apparence plus délicate est de savoir si l'établissement du protectorat français n'a pas modifié le régime constitutionnel de la Tunisie.

Cette question doit être, sans aucun doute, résolue par la négative.

Le protectorat respecte la souveraineté interne du Bey, mais il la respecte évidemment dans l'état où elle se trouve au moment de l'établissement du protectorat, c'est-à-dire limitée par l'octroi d'une charte constitutionnelle.

Cette conclusion juridique est d'ailleurs confirmée par le plus élémentaire bon sens : le protectorat d'une république libérale ne peut pas avoir pour conséquence le renforcement de l'autocratie dans l'Etat protégé.

TROISIÈME QUESTION

Le rétablissement de cette constitution, à supposer son existence, sa modification en régime de protectorat, sont-ils compatibles avec ce régime ?

Cette question revient à se demander *à qui appartient, dans la Tunisie actuelle, le pouvoir constituant.*

La constitution de 1861 n'est pas abrogée, mais, *en fait*, elle est tombée en désuétude ; le souverain actuel, à son avènement, s'est abstenu de jurer de la respecter.

Il s'agit donc de la faire sortir de son sommeil, soit dans son texte intégral, soit avec des modifications et des adaptations.

Quelle est donc l'autorité compétente soit pour proclamer que, en droit, la constitution de 1861 est toujours vivante, soit pour promulguer une constitution nouvelle en harmonie avec les aspirations et l'éducation politique du peuple tunisien ?

Il y a, dans une grande partie de l'opinion tunisienne, une tendance à revendiquer pour le peuple de la Régence et pour son souverain le droit de se donner, en toute liberté, la constitution de leur choix.

Cette thèse s'appuie sur les termes mêmes de l'acte établissant le protectorat et qui déclarent que le gouvernement français se mettra d'accord avec le Bey au sujet des réformes « administratives, judiciaires ou financières ». Les réformes constitutionnelles resteraient complètement libres.

Cette méthode d'interprétation littérale n'est pas admissible dans le droit public. Il faut consulter la commune intention des parties.

Si la puissance protectrice s'est réservée le contrôle des actes secondaires de la vie publique en Tunisie, *a fortiori* a-t-elle prétendu ne pas se désintéresser des réformes qui peuvent avoir les répercussions les plus graves sur le protectorat.

Une réforme constitutionnelle, à l'heure actuelle, peut être introduite en Tunisie par l'accord du Bey et du gouvernement français.

.*.

On pourrait discuter juridiquement s'il appartient
au Bey d'en prendre l'initiative. Mais cette question
de pure forme est véritablement dépourvue d'intérêt. Il n'est pas contestable que le Bey a le droit
d'avoir des conversations avec le gouvernement
français et de lui adresser des suggestions en vue de
la prospérité du peuple dont il continue à avoir la
responsabilité.

La France ne peut que réserver à ces suggestions
l'accueil le plus favorable et assurer au peuple tunisien le régime en harmonie avec le degré de son
éducation politique.

QUATRIÈME QUESTION

*Le régime constitutionnel est-il compatible
avec le protectorat ?*

Dans la notion, d'ailleurs assez élastique du protectorat, on ne trouve aucun élément incompatible
avec le régime constitutionnel.

Bien au contraire, le protectorat, en s'emparant
de la direction des relations internationales de l'Etat
protégé, en absorbant pour ainsi dire sa personnalité
diplomatique prétend respecter sa souveraineté
intérieure.

Par conséquent, le régime constitutionnel est
compatible par essence avec le régime du protectorat.

L'indépendance interne de l'Etat protégé est en théorie plus grande que celle de la colonie ou du dominion. Or il y a des colonies douées d'un très large self-gouvernement et des dominions, dont le lien avec la mère patrie a pu être comparé à « un fil de soie ».

Il n'y a aucune incompatibilité de principe entre une certaine liberté politique intérieure de l'Etat protégé et le régime du protectorat.

Cette liberté intérieure doit être adaptée à la situation générale du peuple considéré, situation dont les éléments déterminants en notre matière sont, le degré d'éducation, la diffusion de l'instruction générale, et *aussi les aspirations légitimes à un régime en harmonie avec les tendances générales des peuples modernes.*

La compatibilité d'une certaine liberté politique et administrative avec le régime du protectorat n'est pas douteuse au point de vue juridique ; quant au degré de cette liberté, c'est une question politique à régler par l'accord de l'Etat protecteur et du gouvernement protégé.

Ainsi délibéré à Paris, le 11 juillet 1921.

Joseph Barthélemy
Professeur de Droit constitutionnel
à l'Université de Paris
Professeur à l'Ecole des Sciences politiques
Député du Gers
Secrétaire de la Chambre des Députés
Vice-Président de la Commission du Suffrage Universel
Membre de la Commission
des Affaires étrangères de la Chambre

Je soussigné, membre de l'Institut, professeur à

la Faculté de Droit de l'Université de Paris (1), ayant pris connaissance de la consultation juridique ci-dessus délibérée par mon savant collègue, Monsieur Joseph Barthélemy, déclare adhérer complètement à ses conclusions et aux principes sur lesquels elles se fondent.

Paris, le 18 juillet 1921.

ANDRÉ WEISS

En résumé :

Première question : le peuple tunisien peut s'adresser par voie de pétition à son souverain.

Deuxième question : la constitution écrite de 1861 a une existence juridique.

Troisième question : le rétablissement de cette constitution ou sa modification en régime de protectorat sont compatibles avec ce régime. Il faut l'accord du bey et du gouvernement français.

Quatrième question : le régime constitutionnel est compatible avec le protectorat.

De cette consultation il ressort que le gouvernement français peut faire ce qu'il veut en Tunisie, puisqu'il lui suffit de s'accorder avec le Bey.

L'établissement du régime constitutionnel dépend de la bonne volonté de la France.

Nous nous en doutions.

Il nous appartient à nous de rechercher maintenant comment la France pourra concilier la soif

---

1. Officier de la Légion d'honneur ; officier de l'Instruction publique ; professeur de Droit international public à la Faculté de Droit de Paris ; jurisconsulte du ministère des Affaires étrangères.

d'autorité de ses bureaux avec l'ardent désir de liberté manifesté par la Tunisie.

Il nous faut abandonner le domaine de la théorie et de la spéculation pour trouver le régime compatible avec les intérêts qui se heurtent et les opinions qui s'affrontent.

CONCLUSION

I. — Principe de l'égalité entre Français et Tunisiens.

Egalité devant la loi ;

Egalité devant l'impôt ;

Egalité devant les charges militaires et civiles.

II. — Suffrage universel pour les Français et pour les Indigènes ;

Un seul collège français ;

Un seul collège indigène ;

Egalité du nombre des élus tant à la Conférence que dans les municipalités.

III. — Compétence étendue de la Conférence. Réduction du nombre des dépenses à caractère obligatoire.

Droit d'initiative. — Volonté de la Conférence respectée en matière de recettes et de dépenses budgétaires.

Compte-rendu et justification des opérations sur le budget de l'année précédente.

Examen et vote des matières faisant l'objet des principaux décrets.

IV. — Indépendance du Résident général à l'égard du Ministère des Affaires étrangères.

V. — Création des municipalités élues, extension

de la compétence des communes, libertés municipales.

VI. — Création d'une Commission supérieure permanente issue de la Conférence et suppression du Conseil supérieur de gouvernement.

C'est par ce mélange étroit des activités indigènes et des activités françaises que nous pourrons voir l'avenir de la Tunisie évoluer dans une atmosphère de concorde et de paix.

La France n'est pas la seule puissance nord-africaine.

D'un côté l'Italie, de l'autre l'Espagne ont fait leur expérience. Aucune ne peut prétendre avoir réussi.

L'Italie s'est vue imposer une occupation précaire sur le littoral de la Tripolitaine ; elle a dû renoncer à tout espoir de colonisation latine dans les régions soumises à son autorité, et malgré la proclamation un peu prématurée d'une annexion restée jusqu'à ce jour purement verbale.

L'Espagne voit au Maroc les jours les plus sombres de son histoire moderne.

Nous avons à tenter quelque chose de mieux en Tunisie pour la satisfaction des indigènes et pour la sécurité de nos compatriotes.

Nous avons la chance d'être en contact avec des populations paisibles dont le loyalisme s'est affirmé par des milliers de morts sur le champ de bataille, et davantage de blessés et de mutilés.

Ces populations, par la voix de leurs intermédiaires naturels, les Tunisiens instruits, riches, indépendants, réclament quelques libertés qui garantissent leurs personnes et leurs biens.

C'est l'avenir de notre situation dans la Régence et peut-être dans l'Afrique du Nord, qui dépend de notre réponse.

Nous devons être assez intelligents pour prendre entre les solutions espagnole et italienne, la solution intermédiaire qui tienne compte des aspirations des indigènes et des besoins de notre colonie française.

Ne traitons pas la Régence en pays conquis, en colonie, où les indigènes considérés comme sauvages sont tout au plus bons à payer la dîme, à fournir nos armées de mercenaires, nos administrations de Chaouchs.

Ce sera le sûr moyen de leur faire aimer la France que de faire entrer dans leur cœur et dans leur vie l'amour des grands principes qui doivent être l'honneur de notre grande patrie.

Cette prépondérance française ne sera pas celle des requins coloniaux et des profiteurs qui se moquent de l'avenir pourvu que le présent leur soit aimable, et qui parent leur égoïsme détestable des couleurs d'un patriotisme criard.

Rendons aux Tunisiens la qualité d'hommes à laquelle plus que jamais ils se sentent appelés, et reconnaissons-leur des droits de citoyens.

Mais tenant compte de la colonie française, de son nombre, de son importance, de ses efforts, de ses travaux, donnons à cette colonie la figure d'une province de langue française accolée à une province de langue arabe. Accordons-lui par un système représentatif ingénieux qui n'a pas besoin d'être servilement copié sur quelqu'autre que ce soit, puisque ce pays présente des caractères qui lui sont bien spéciaux, un système représentatif qui lui rappelle cependant la qualité du citoyen français et lui permette en collaboration étroite et permanente avec ses frères tunisiens, de travailler avec ardeur en même temps qu'à son bien-être personnel, au développement et au bonheur de la petite nouvelle patrie qu'elle s'est volontairement donnée et sur le sol de laquelle elle a bien le droit de chercher son bonheur.

TABLE DES MATIÈRES

Imp. JOUVE & Cⁱᵉ, 15, rue Racine, Paris. — 5230-21

www.ingramcontent.com/pod-product-compliance
Lightning Source LLC
LaVergne TN
LVHW021853170726
843503LV00003B/1198